Gigi Riva

IL PIÙ CRUDELE DEI MESI

Storia di 188 vite

MONDADORI

mondadori.it

Il più crudele dei mesi
di Gigi Riva
Collezione Strade blu

ISBN 978-88-04-74630-0

I edizione febbraio 2022

Anno 2022 - Ristampa 1 2 3 4 5 6 7

Il più crudele dei mesi

A Nembro.
Ai suoi morti (in memoria).
E ai suoi sopravvissuti.

Dopo, quando il flagello è passato, restano appesi alla memoria dettagli insignificanti rispetto all'enormità dell'evento.

Per me sono due fotografie che mi mandò su WhatsApp mio cognato Flavio. Nella prima, scattata alle ore 17.17 di domenica 23 febbraio 2020, era raffigurata una folla straripante all'Esselunga di Nembro. Nella seconda, scattata nello stesso luogo l'indomani alle 9.03, c'era il solo pacco da mezzo chilo di rigatoni Barilla rimasto. Vuoti gli scaffali, vuoto il negozio. Dalla folla al deserto, se si volessero trovare i presagi del futuro prossimo che ci sarebbe toccato in sorte. Il supermercato aveva incassato nel breve volgere di un pomeriggio ottocentomila euro. Era stato il moderno assalto ai forni, pur pacifico e senza violenze. Era l'accaparramento dei tempi di guerra, così famelico nei racconti dei nostri genitori e nonni. Eppure a Nembro non c'erano avvisaglie di un conflitto.

Ho sempre rifiutato, e ancora rifiuto, il parallelismo tra il coronavirus e la guerra pigramente adottato poi fino all'usura. A chi me lo proponeva, in quanto per lunghi anni inviato nelle aree più calde del pianeta, amavo rispondere con una battuta: «Dalla guerra si esce denutriti, dalla pandemia usciremo obesi». Trovavo assurdo che fossero messe sullo stesso piano una catastrofe causata dall'uomo, in cui l'uomo è lupo per l'uomo, e una in cui c'è un nemico invisibile che non fa distinzioni e non ha ideologia, non prova desiderio di sopraffazione, né piacere nel massacro.

Non era una guerra, dunque, ma si moriva *come* in guerra. Le cifre, impietose, lo dimostrano. Sulla lapide a ricordo dei caduti davanti al cimitero di Nembro ci sono 126 nomi per la Prima guerra mondiale, 98 per la Seconda. Di Covid-19, tra la fine di febbraio e aprile 2020, sono morte 188 persone, 164 a marzo, il più crudele dei mesi, su una popolazione di 11.500 abitanti. Molte di loro erano amici, conoscenti, o semplici volti noti nel panorama umano del mio paese. Una generazione spazzata via, le successive a leccarsi le ferite, rimboccarsi le maniche e chiedersi ancora e ancora: perché Nembro?

Quel 23 febbraio

La caccia al cibo non era il sintomo del panico ma della precauzione. A scatenare la bulimia dell'accumulo una notizia che si era diffusa nel primo pomeriggio verso le 14, e sui social era diventata virale, termine dalla doppia valenza, tecnologica e sanitaria, sul quale si poteva ironizzare date le circostanze: "Due casi di coronavirus, chiuso il pronto soccorso dell'ospedale di Alzano Lombardo". Quando la lessi, a 350 chilometri di distanza, il pensiero non corse all'eventuale pericolo immediato per i miei familiari. Come più o meno per tutti allora, il mio orizzonte non contemplava il peggio. All'ignoranza, alla mancanza di informazioni scientifiche attendibili, alla situazione inedita per la mia generazione, si sommava una personale inclinazione all'ottimismo. Il pensiero andò piuttosto a mio padre Gianni, scomparso nel 2006, che a quell'ospedale aveva dedicato gran parte delle energie fino a considerarlo "suo" benché fosse un semplice magazziniere della farmacia. Mi era sembrato naturale che fosse spirato proprio lì, in un letto del reparto di medicina. Gli avevo dato l'ultimo bacio nella sagrestia dell'attigua chiesa di Santa Maria della Pace, che un tempo era stato il suo ufficio e che poi era stata adibita a sala mortuaria della casa di cura. Non sapevo, non potevo sapere, che quel luogo, pochi giorni dopo i primi due contagiati, avrebbe ospitato cataste di cadaveri ammucchiati e chiusi nei sacchi dell'immondizia.

L'ospedale di Alzano Lombardo serve tutta la Bassa Valle Seriana, Nembro compreso. Si chiama Pesenti-Fenaroli in onore dei due benefattori, l'ingegner Cesare Pesenti, dell'omonima e famosa stirpe di cementieri, e sua moglie Teresa Fenaroli. Per la comunità è un motivo di orgoglio, un punto di riferimento, oltre che un'occasione di lavoro. Papà Gianni stesso era stato assunto, quarantenne, quando era stato costretto a lasciare l'impiego nella tipografia del paese perché il piombo gli aveva danneggiato i reni: un padre con tre figli a carico non poteva rimanere senza stipendio ed era scattata la solidarietà sociale. Il Pesenti-Fenaroli era garanzia di cure adeguate senza doversi allontanare da casa, quasi un amico di cui potersi ciecamente fidare. Dato però il ridimensionamento subito a causa delle molteplici ristrutturazioni della sanità lombarda, *vox populi* voleva che il livello delle cure prestate non fosse più quello del passato. Papà avrebbe sofferto delle dicerie su questo presunto depauperamento, così come sarebbe stata per lui una ferita la forte esposizione mediatica, il "chiacchiericcio" scatenato da un problema mondiale partito addirittura dalla Cina: e per lui il chiacchiericcio era sempre sgradevole, anche quando in positivo. La ritrosia è proverbiale nei bergamaschi, tanto da produrre l'adagio per cui è bene finire sul giornale solo in due occasioni legate all'anagrafe, quando si nasce e quando si muore. Ora davanti all'ingresso dell'ospedale c'erano le troupe televisive, i passanti che scattavano fotografie con il telefonino, mentre i siti internet facevano rimbalzare informazioni a caratteri cubitali premurandosi di fornire al grande pubblico le coordinate: Alzano Lombardo, inizio della Valle Seriana, a pochi chilometri da Bergamo.

Il direttore medico dell'ospedale Francesco Marzulli, sessantadue anni, tarantino trasferitosi al Nord per amore, capelli argentati in capo a un fisico tonico, specializzato in igiene e sanità pubblica con una passione per l'analisi dei dati, nella tarda mattinata del 23 febbraio, domenica, si era concesso come d'abitudine un po' di jogging per mantenersi in forma. Verso mezzogiorno era rincasato, lo aspettavano per il pranzo moglie, figlia e nipotino. Stava per infilarsi sotto la doccia quando squillò il telefono. Era il dottor Fabrizio Querci, di medicina generale, responsabile della diabetologia.

«Marzulli, buongiorno, scusa la chiamata, ma abbiamo due positivi al Covid.»

«Querci, se è uno scherzo non ne ho nessuna voglia.»

«Figurati se scherzo.»

«Gli hai fatto tu l'anamnesi? Hanno avuto contatti con la Cina?»

«No. Gliel'ho chiesto, uno mi ha risposto: "La Cina al so gnach indòe l'è".» La Cina non so nemmeno dove sia.

«Chiedi se ha avuto figli, familiari o conoscenti che sono stati in Cina. Il protocollo non lo prevede, ma tu chiediglielo lo stesso.»

«Già fatto. No.»

«Ho bisogno di riflettere. Ti chiamo tra dieci minuti.»

Dalla sala da pranzo lo reclamavano a gran voce, il cibo era nei piatti, ma il dottor Marzulli aveva la testa altrove. "Se è come dice Querci" valutò, "se gli infettati non hanno avuto contatti con la Cina c'è una sola spiegazione: l'epidemia è già largamente diffusa sul territorio e i due ricoverati sono solo la punta di un iceberg. Siamo nella merda."

Di nuovo il telefono, chiamavano dal pronto soccorso.

«Dottore, qui siamo tutti preoccupati, abbiamo paura.»

«Chiudete il pronto soccorso, anzi l'intero ospedale. Mandate voi la comunicazione. Io sto arrivando.»

Mangiò un panino, preparò una piccola borsa e alla moglie che lo guardava interrogativa spiegò: «Non so quando potrò tornare». Non era raro che dovesse assentarsi all'improvviso per un'emergenza. Questa minacciava di essere assai più impegnativa del solito.

Non esiste un orario consono per chiudere un ospedale, ma se c'è un momento più problematico degli altri è il primo pomeriggio. I pazienti hanno già pranzato e digerito, i parenti in visita affollano le corsie.

Delia Morotti, in realtà, era arrivata in medicina generale, al terzo piano, molto prima, perché aveva troppe incombenze cui attendere. Nello stesso reparto erano ricoverati il padre Giovanni, detto "Angelì", ottantacinque anni, e la madre Giuseppa Nembrini detta "Rina", ottantadue. Anche Angelì, come mio padre, era stato un dipendente dell'ospedale di Alzano, prima come autista di ambulanze e poi come manutentore. Un factotum capace di riparare qualsiasi cosa, falegname, elettricista, idraulico, muratore, tappezziere, un prodigio di manualità. E un'indole da giullare ai confini con il clownesco. Quando lo incrociavo non mancava di raccontarmi una barzelletta prima di farsi serio: «Come vanno gli studi, mi raccomando eh?». Nel cortile della casa dove abitava, in via Ronchetti 11 a Nembro, erano soliti organizzare feste. Per quella dei suoi ottant'anni si era presentato con un fantasmagorico cappello da pagliaccio e aveva cantato *Volare*. In televisione guardava soprattutto i canali locali che trasmettono programmi danzanti, certo non quando giocava la Juventus, allora era come non esistesse altro che il pallone. La mattina del 21 febbraio lo avevano ricoverato, 38 di febbre, dolori alla bocca che gli impedivano di masticare, una forte dissenteria, un sonno invincibile e discorsi senza capo né coda. Gli esami avevano evidenziato un diabete ai limiti del coma, malattia di cui non aveva mai sofferto. E tuttavia la sera del 22 era riuscito a godersi la vittoria della Juve per 2 a 1 sul campo della Spal. La moglie Giuseppa detta Rina era disabile da tredici anni, le avevano amputato un arto ed era costretta in carrozzina. Le bronchiti croniche la costringevano a frequenti degenze ed era ancora il periodo in cui i problemi di natura respiratoria non facevano scattare il sospetto del nuovo virus.

Era anche, la Rina, sorella di Carlo Nembrini, una gloria locale, un alpinista vittima di un incidente nel 1973, quando aveva trentaquattro anni. Mentre stava scalando il monte Illimani, nella Cordigliera Reale delle Ande Boliviane, era scivolato lungo un pendio innevato per poi precipitare da un salto roccioso di cinquecento metri. I funerali, imponenti e partecipati, con migliaia di persone giunte da ogni dove, erano stati la misura della fama che aveva raggiunto quell'uomo forte e gioviale, dalla faccia rubizza e dal largo sorriso. Per noi, adolescenti all'epoca, la prova tangibile che Nembro stava sulle carte geografiche, che anche da Nembro si poteva partire alla conquista del successo. Carlo Nembrini si poneva all'apice gerarchico di una passione diffusa tra chi non ha come orizzonte il mare ma le vette, e abita in una valle chiusa dalla mitica Presolana. Il destino avrebbe voluto che la montagna matrigna, in questo caso il Dhaulagiri, 8167 metri nella catena dell'Himalaya, si portasse via nel 2007 anche Sergio Dalla Longa, il marito della sorella di Delia, Rosa, caduto a pochi metri dalla cima e deceduto sul colpo dopo aver battuto la nuca su una lastra di ghiaccio. Rosa, pure provetta scalatrice, si era rifatta una vita con lo svizzero Norbert "Noppa" Joos, tredici dei quattordici ottomila himalayani conquistati senza l'ausilio di bombole d'ossigeno (gli mancava solo l'Everest), che nel 2016 avrebbe avuto lo stesso destino sul Bernina.

Se è vero che le vette avvicinano al cielo, e dunque a Dio, per chi ci crede, questa serie di disgrazie avrebbe potuto minare una fede invece mai venuta meno tra i Morotti. Non so se il fatalismo li abbia spinti ad accettare di essere stati scelti per il "tributo" che si deve al padrone delle cime quando lo si sfida. In qualsiasi caso, sarebbe stato naturale sentirsi in credito con la sorte che invece si preparava a un rincaro di accanimento.

Delia correva da una parte all'altra del reparto di medicina quella domenica 23 febbraio, servitrice di due genitori: lei chiedeva se lui aveva mangiato e se aveva il pigiama pulito e lui chiedeva di lei e "mi raccomando la mamma". Benché così affaccendata, non poteva sfuggirle la strana agitazione che pervadeva il personale medico e paramedico. Un ammiccare preoccupato, un mostrarsi messaggi sui cellulari, un inusuale ricorso a mascherine protettive, mentre ad alcuni degenti era stato messo un casco per la ventilazione meccanica, nel linguaggio tecnico CPAP, acronimo di Continuous Positive Airway Pressure. L'agitazione era palpabile, una scossa di corrente elettrica muoveva gli infermieri molto oltre l'abituale ritmo delle loro occupazioni. Non ci fosse stato Codogno, il venerdì prima, l'ospedale bloccato per il primo caso di un italiano contagiato dal coronavirus, la si sarebbe potuta catalogare come una normale emergenza (e passi l'ossimoro), ma quel precedente, pur sottovalutato, scavava nel profondo della psiche e alimentava il sospetto. Delia si risolse a verbalizzarlo, pur trattenendosi davanti alla parola indicibile.

«C'è qualcosa che dobbiamo sapere?» chiese a un'infermiera.

«No... niente.»

Mai come in questo caso niente significava tutto. C'era in quel "niente" il timore di un rimbrotto dei superiori per aver svelato un segreto che forse andava custodito nonostante fosse chiaro che sarebbe stato di lì a poco di dominio planetario. Anche il timore che, evocandolo, il virus potesse materializzarsi a dispetto delle sue dimensioni microscopiche e dunque della sua impalpabilità. E infine il tuffo verso l'ignoto che la traduzione in parole avrebbe provocato. Che ne sarà di noi?

Per Delia fu una conferma. L'unico sollievo fu scorgere tra i parenti in ambasce il volto amico di Laura Lazzaroni, titolare del negozio di abbigliamento femminile Attimo che si trova proprio là dove la colonna vertebrale di Nembro, un budello lungo e stretto, fa una curva a sinistra come fosse una scoliosi. Laura aveva appena dato il cambio alla zia Marcella al pronto soccorso, dove c'era lo zio Maurizio, detto "Mauro", ottantacinque anni e alle spalle un'esistenza felice e libera da malattie. Aveva avuto qualche linea di febbre e si era convinto a farsi controllare perché erano insorte difficoltà respiratorie. Fu esattamente poco dopo il suo trasferimento al reparto medicina che si scatenò il putiferio e i carabinieri si prodigarono per srotolare il nastro adesivo a bande bianche e rosse lungo il perimetro dell'ingresso. Stop. Vietato entrare. Vietato uscire. Laura pensò irrazionalmente che il problema fosse lo zio ed era assurdo, dato che se ne stava più o meno beatamente seduto su una poltrona, non sentiva nemmeno il bisogno di sdraiarsi sul letto che gli avevano assegnato e chiacchierava tranquillamente.

Una volta ufficializzata la decisione di chiudere la casa di cura, gli infermieri mutarono atteggiamento, sforzandosi di risultare rassicuranti. Offrivano bottigliette d'acqua, frutta, panini al formaggio ai "prigionieri" mettendo le mani avanti: «Le cose andranno per le lunghe». Senza però fornire dettagli. Quelli arrivavano dal mondo di fuori sui cellulari bollenti.

I due pazienti colpiti dal coronavirus erano, nei flash d'agenzia, ancora anonimi. I reclusi potevano fare supposizioni basandosi sull'osservazione, e l'attenzione si appuntava sui ricoverati con il casco o più male in arnese. Saranno forse l'Acerbis, o il Criserà, o l'Orlandi, o il Ravelli, tutti pazienti che stavano lì da qualche giorno. E la constatazione spalancava, nell'immediato, l'inquietante consapevolezza che, come si dice da queste parti e non solo, la stalla era stata chiusa quando i buoi erano già scappati.

Il Ravelli, l'Ernesto Ravelli detto "Tino", ottantatré anni, era dei quattro l'unico non di Nembro ma di Villa di Serio, un paese vicino. Giaceva sfinito e in isolamento nel reparto di chirurgia. Gli altri tre nella stessa stanza in medicina: Alfredo Criserà, sessantasei anni, detto "Jair" per la carnagione scura come il campione dell'Inter di Herrera, nel letto accanto alla finestra, Samuele Acerbis, sessantatré anni, al centro, Franco Orlandi, ottantatré anni, vicino alla porta. Nessuno era stato in Asia, ma cominciava a serpeggiare il sospetto che non si potesse "godere dalla riva dell'altrui naufragio", come scrisse il poeta latino Lucrezio, che la Cina fosse vicina, che già era arrivata nel Lodigiano, che nel mondo globalizzato e rimpicciolito dalla velocità degli aerei e dalla facilità degli spostamenti nessun luogo è sicuro, tantomeno una valle ex povera e di emigrazione, ora ricca di immigrati, di industrie e di import-export per ogni dove.

Il sospetto era allo stato larvale e comunque ancora non si era gravati dal peso della conoscenza. L'ignoranza su diffusione, conseguenze, rimedi lasciava la gente in uno stato di disorientamento che oscillava tra l'inquietudine dell'ignoto e la consuetudine a una fiducia acritica verso un progresso scientifico che aveva trovato rimedi per mali peggiori, alimentando la suggestione, se non dell'immortalità, di una sempre più duratura permanenza in vita. L'esperienza relativamente recente della Sars, un'epidemia del 2003 che doveva essere esiziale e che invece era stata contenuta in un ristretto perimetro di diciassette nazioni lasciando incolume l'Occidente, era il confortante precedente cui aggrapparsi per confermare l'innata attitudine a considerare che una catastrofe ci può sfiorare ma non colpire. Tocca sempre a qualcun altro, salvo poi ricredersi tardivamente quando si è diventati bersaglio.

Il problema era che quel 23 febbraio brancolavano nel buio non solo i parenti dei ricoverati all'ospedale di Alzano, ma anche tutti coloro che professionalmente avrebbero dovuto essere la bussola per orientare i comportamenti. Il piano pandemico nazionale risaliva al 2006 e non era mai stato aggiornato. Prevedeva che ogni tre anni si dovessero fare esercitazioni per addestrare il personale medico e paramedico all'eventualità di una pandemia, ma nessuno aveva mai pensato di applicare quel protocollo. Così si procedeva a tentoni. Per reperire le poche mascherine FFP2 e FFP3, le più protettive, si ruppero le centraline antincendio. E l'infermiera responsabile del pronto soccorso si risolse, con un'iniziativa spontanea, a mettere in atto le procedure previste in caso di contaminazione con sostanze chimiche o di attacco terroristico. Altre non ne conosceva. I parenti guardavano l'andirivieni simile a quello di mosche impazzite, origliavano mozziconi di conversazione tra i dipendenti dell'ospedale, consultavano febbrilmente gli smartphone per cercare informazioni che li riguardassero. Nella confusione ogni indizio ne contraddiceva un altro, ma tutti insieme aumentavano lo sconforto e nemmeno le rassicurazioni suonavano attendibili. «Tranquilli, è tutto sotto controllo» erano parole pronunciate come una cantilena da ripetere a comando e suonavano false, soprattutto se accompagnate da altre parole, quelle che uscivano dalla stanza dei dottori: «Li dovremo tenere qui a lungo», «Bisogna sanificare», «Aspettiamo gli altri esiti». Guardavano costantemente i loro cari per trovare sui volti indizi che scacciassero il dubbio. A frequenze sempre più ravvicinate chiedevano, cercando di dissimulare l'ansia: «Come stai?», «Come ti senti?», «Cosa ti fa male?».

Delia Morotti valutava che il padre e la madre non avevano il casco Cpap né altre diavolerie che favoriscono la respirazione. Laura Lazzaroni aveva aiutato lo zio a pettinarsi (lui ci teneva al decoro) e a mettersi il pigiama, e ora lo guardava mentre, seduto in poltrona, si rammaricava del fatto che probabilmente avrebbe dovuto rinunciare a una vacanza già programmata.

«Ho prenotato sulla Costiera Amalfitana, mi sa che non riuscirò a partire.»

«Ma cosa dici, zio! Tra qualche giorno sarai di nuovo in forma.»

Mentre il timido sole di febbraio finiva di scaldare e si allungavano le prime ombre della sera, il pensiero andava ai familiari rimasti fuori e alle incombenze inderogabili. Laura doveva tornare per la figlia Anna, dodici anni, e per il negozio da aprire l'indomani, e dunque si risolse a domandare: «Quando potremo uscire?». Ebbe la risposta temuta: «Si organizzi, signora, mi sa che dovrete restare qui anche stanotte». Sembrava scontato che la decina di visitatori dovesse essere sottoposta a tampone, salvo il fatto che di tamponi non ce n'erano: la sanità lombarda, plurilodata per le sue eccellenze e troppo delegata al profitto dei privati, si era dimenticata della medicina di base.

Un frenetico battito di mani accompagnato dall'urlo «Parentiiiii» di un'infermiera fu l'annuncio di una svolta poco prima delle 18. Delia fu sorpresa da quel richiamo mentre stava aiutando il padre a lavarsi e chiese di poter ultimare l'operazione; le fu negato, dominava la fretta adesso: «Ci penseremo noi più tardi».

Laura salutò lo zio e seguì il gruppo. Radunati tutti insieme da quella campanella umana, fu loro comunicato che erano liberi. In fila indiana furono condotti verso un'uscita secondaria oltre la chiesetta, dove normalmente passano i carri funebri, alla chetichella, come fossero ladri, senza spiegazioni. Il sollievo di poter lasciare quel posto contaminato si sommava al dispiacere per il destino dei congiunti rimasti nei reparti e ai dubbi su come difendersi. Letteralmente vennero spinti fuori: «Via, via. Appena arrivate a casa fatevi una doccia, disinfettatevi e buttate i vestiti che avete addosso in lavatrice». I social media diffusero la novità: "Riaperto il pronto soccorso dell'ospedale di Alzano Lombardo dopo la sanificazione". Che sia stata fatta una pulizia adeguata alla circostanza, nel poco tempo a disposizione e senza strumenti appropriati, è difficile da credere, e lo sarebbe stato anche per i pubblici ministeri della procura di Bergamo che mesi dopo avrebbero avviato un'inchiesta. Perché riaprire allora, a differenza di quanto era stato deciso due giorni prima a Codogno?

Avevamo lasciato il dottor Francesco Marzulli con un panino in mano, il pranzo domenicale annullato e una valigetta preparata alla meglio per correre al suo ufficio di direttore medico. Non ci era rimasto molto in ospedale, quasi solo il tempo di una telefonata con il suo diretto superiore Francesco Locati, direttore dell'Azienda socio-sanitaria territoriale Bergamo Est con sede a Seriate e da cui Alzano dipende (come si può chiamare "azienda", quasi fosse una società con scopo di lucro, un'istituzione che dovrebbe garantire le cure ai cittadini?).

«Locati, io chiudo tutto.»

«...»

«Guarda, è la cosa giusta da fare.»

«Vieni qui che ne parliamo.» E Marzulli dovette cambiare rotta.

A Seriate era stato convocato un consiglio di crisi. C'erano i direttori degli ospedali dell'Asst – Alzano, Seriate, Piario –, i capi dipartimento, alti papaveri della Sanità di nomina politica, quattordici persone in totale. Ogni tanto qualcuno dei più graduati, fosse Locati, fosse Roberto Cosentina, direttore sanitario dell'Asst Bergamo Est, si allontanava nella stanza accanto per confabulare discretamente con i referenti in Regione. Su chi ci fosse all'altro capo del filo si possono fare solo ipotesi: il direttore generale della Sanità Luigi Cajazzo, il vice Marco Salmoiraghi, la dirigente Aida Andreassi. Più difficilmente l'assessore al Welfare Giulio Gallera. Sta di fatto che dopo ogni consulto si faceva più pressante l'opera di convincimento nei confronti di Marzulli affinché si prendesse la responsabilità di riaprire. Con le motivazioni più disparate: «Non possiamo fare a meno del pronto soccorso di Alzano», quando ce n'erano almeno altri due, all'ospedale Papa Giovanni XXIII di Bergamo e alla clinica Gavazzeni, a pochi chilometri di distanza. «Ormai c'è un caso in ogni provincia, con questo criterio dovremmo blindare ogni ospedale», ed era esattamente quanto si sarebbe dovuto fare: disinfestare, tracciare e semmai dopo riaprire. «Non dobbiamo creare panico tra la popolazione.» Fermo nella posizione del "signor no", Marzulli resisteva con obiezioni di buonsenso e tuttavia capiva che a quel tavolo ormai era la Babele, perché si usavano due linguaggi incompatibili, quello scientifico e quello politico. E la politica aveva necessità di dimostrare che la situazione era sotto controllo. Le due posizioni erano inconciliabili, nessun compromesso possibile. Finché giunse il diktat, rigido come un ultimatum. Locati fece l'estremo tentativo di persuasione.

«Riapri Marzulli, su.»

«Riapri tu, Locati, io non lo faccio.»

E così fu.

Delia Morotti dall'uscita laterale era risalita fino all'ingresso principale, oltre la sbarra dove aveva parcheggiato la sua automobile. Un carabiniere la fermò.

«Alt, non può entrare, ordini dall'alto.»

«Ma ho la macchina lì dentro...»

«Niente da fare.»

«Ecco le chiavi, me la porti fuori lei, ne ho bisogno.»

Il militare non ebbe cuore per un altro diniego e si prestò.

Laura Lazzaroni venne rincorsa fino alla sua autovettura da un'infermiera che reiterò i consigli: «Lei ha una bambina a casa, disinfetti tutto, la prego». Una volta al volante chiamò lo zio: «Sto andando a casa, ci vediamo domani». Lo zio sentì a sua volta la moglie Marcella e il tono di voce era il solito. Laura, ancora provata dalla giornata che solo con un eufemismo definiamo particolare, si abbandonò sotto la doccia come le era stato consigliato. Dopo che si fu asciugata trovò due telefonate perse sul cellulare. Richiamò.

«Sono Laura Lazzaroni, ho trovato una vostra chiamata.»

«Qui è l'ospedale di Alzano.»

«È per il tampone? Devo tornare?»

«No, purtroppo. Signora, mi dispiace, ma la chiamo perché suo zio Mauro è morto.»

«Come morto?»

«Lo abbiamo trovato disteso in bagno, abbiamo cercato di rianimarlo ma non c'è stato niente da fare. Un infarto. Venga a prendere la salma. Da sola, nessun altro può entrare.»

Incredula, Laura fece il percorso a ritroso con la testa che impazziva per l'incredulità. Lo zio Mauro era entrato al Pesenti-Fenaroli sulle sue gambe per un controllo che avrebbe dovuto essere routinario, gli avevano riscontrato un principio di polmonite solitamente curabile e cinque ore dopo non c'era più. Un precipitare così repentino aveva indotto a optare sbrigativamente per l'infarto. Date le circostanze, però, era una spiegazione decisamente insufficiente.

Le misero in mano le chiavi della camera mortuaria pregandola di aprirla da sé e qui bisogna immaginare una donna di quarant'anni che, dopo aver percorso corridoi labirintici, sosta accanto al cadavere dello zio in un luogo lugubre e poco illuminato mentre a pochi metri di distanza si è scatenato il putiferio. Arrivò verso le 23 l'addetto alle pompe funebri, lei lo aiutò a vestire il congiunto con gli abiti destinati all'ultimo saluto. Non essendo ancora in vigore alcuna norma igienico-sanitaria, le permisero di trasportare il corpo in una sala del commiato, dove restò esposto per tre giorni. Laura ancora non sapeva, e lo vedremo, che era stata solo la prima tappa del suo calvario.

Mauro Lazzaroni, quello che sarebbe stato riconosciuto come il primo morto di coronavirus di Nembro e dell'intera Bergamasca non per criteri medici ma per buonsenso e perché ne aveva i sintomi, aveva dato lustro al suo paese. Ancora trentenne, nel 1964 e nel pieno del boom economico che era penetrato anche nella Valle Seriana, quando già era possibile guardare oltre la sopravvivenza e regalarsi hobby un po' più costosi dei giochi gratuiti, aveva fondato assieme ad alcuni amici il Motoclub Careter. La sede era il Caffè Centrale, sulla piazza antistante la chiesa principale dedicata a san Martino, dove seduti ai tavoli ci si raccontava di imprese mirabolanti, talvolta esagerate, come succede al bar. Alla sfida agonistica si affiancava quella a chi possedeva la moto più in voga. La palestra per il cross erano i monti verso il santuario della Madonna dello Zuccarello o la frazione di Lonno, dove viottoli impervi consentivano di allenare la perizia necessaria per rimanere in sella, come in un rodeo. Non c'era giorno in cui il silenzio dei boschi non fosse rotto dal rombo dei motori. Spesso si cadeva e cadendo si imparava. La competizione all'interno della stessa scuderia favoriva il crescere della destrezza nell'addomesticare i cavalli delle due ruote, nel saltare fossi, inerpicarsi su tratturi, scansare sassi, restare in bilico su dirupi. Che piovesse, ci fosse il sole o persino nevicasse, l'allenamento era un'ossessione, il fango fino alle narici e oltre il casco una costante, così come la disperazione delle madri che dovevano far funzionare a ritmo continuo le prime lavatrici, segno di progresso e di benessere. L'applicazione era massima e così fioccavano i titoli, in Italia e in Europa. Fino al riconoscimento supremo nel 1976 a Zeltweg, in Austria, campioni del mondo a squadre di motoregolarità, sì, Nembro campione del mondo. E Mauro il presidente dei campioni del mondo, invidiato per il successo, per l'eleganza da dandy di provincia, per la signorilità, per la bella moglie Marcella, conosciuta nel capoluogo, Bergamo, una "cittadina", a quei tempi ulteriore motivo di distinzione. Era usuale trovarlo seduto alla sua scrivania intento a organizzare gare, trasferte, cene sociali. Nel 2018, quando gli attribuirono il titolo di presidente onorario, scelsero per definirlo una frase di Michel Eyquem de Montaigne: "Il merito della vita non sta nella quantità dei giorni ma nell'uso che facciamo di essi".

L'unico conforto di Laura era in effetti proprio quello di dirsi che lo zio almeno se l'era goduta. Il suo decesso, nel tardo pomeriggio del 23 febbraio, non fu una notizia: era un semplice morto d'infarto. L'attenzione era spasmodicamente concentrata sui due positivi i cui nomi cominciarono a circolare all'incirca mentre Mauro spirava. Uno era l'Ernesto Ravelli di Villa di Serio, ricoverato in medicina dal 5 al 19 febbraio per un'emorragia interna, dimesso nonostante vomitasse schiuma bianca e avesse una tosse bruciante, rientrato in chirurgia il 22, spostato al Papa Giovanni di Bergamo quando era ormai troppo tardi: non vedrà l'alba del giorno successivo. L'altro era Alfredo Criserà, il Jair, non ancora così male in arnese se la sera precedente aveva conversato con la nipote riferendo che gli avevano parlato di un "virus virale". Nel pomeriggio del 23, non vedendola arrivare per la consueta visita, le aveva mandato un WhatsApp.

"Ti prego vieni qui da me."

"Zio, non posso."

Ormai non si poteva più entrare. Pure Jair fu portato a Bergamo e da lì al San Raffaele di Milano dove avrebbe resistito, tra alti e bassi, ancora un mese. I due altri nembresi che erano in stanza con lui, l'ex camionista Franco Orlandi e il rappresentante di commercio Samuele Acerbis detto "Robi", allungarono da subito la catena dei contagiati accertati. E senza scampo. Nella consapevolezza di pochi e nell'ignoranza generale ad Alzano era divampato un focolaio. Si era cercato di tamponarlo con spruzzate di Vetril, una passata di straccio sui pavimenti e una larva di sanificazione. Alzano era più compromesso di Codogno. Eppure non si poteva chiudere.

Prima del 23 febbraio

Il dottor Massimo Pandini, medico di base per vocazione ereditata dal padre Lorenzo, è noto per il suo inveterato gusto della battuta che oltre ai fanti non risparmia i santi. Attorno a santa Lucia del 2019 cominciò a subodorare che nell'aria c'era qualcosa di strano. Santa Lucia, il 13 dicembre, è una data che non si dimentica, e non per la canzone di Francesco De Gregori. Nella celebre filastrocca è "la notte più lunga che ci sia", quella in cui la martire perseguitata dall'imperatore Diocleziano distribuisce i doni ai bambini di Nembro. Non c'è Babbo Natale, non c'è Befana che tenga. I rituali sono simili, la devozione diversa. I piccoli portano nella chiesa di Bergamo dedicata alla santa le lettere con i loro desideri. La sera del 12 lasciano sul davanzale latte e biscotti perché la benefattrice si rifocilli, indugiano finché possono alla finestra cercando di incontrarla poi, vinti dal sonno, si accasciano e al risveglio mattutino aprono i pacchi. Gli anni passano, ma anche quando si diventa adulti non si dimentica quell'appuntamento di ingenua felicità. La ricorrenza aiuta dunque il dottor Pandini a collocare temporalmente il suo rovello. Fu attorno al giorno di Santa Lucia che confidò ad alcuni assistiti: «Circola qualcosa che non mi piace affatto. Prescrivo gli antibiotici, combino due-tre associazioni di farmaci e non c'è niente da fare. I malati peggiorano. Ordino che si facciano i raggi e si vede poco o niente sui polmoni, poi dopo qualche giorno un disastro; come in Olanda-Uruguay ai Mondiali del 1974. I sudamericani si vedevano sbucare dappertutto giocatori in divisa arancione, così i polmoni sembrano invasi».

La stravagante metafora mi mise curiosità e andai a controllare che partita fu, immaginando di trovare un risultato reboante, un 5-0, un 7-0. Invece finì 2-0, ma le cronache riportano un dominio totale della squadra di Johan Cruijff. Non mi sorprese tuttavia che Massimo avesse utilizzato immaginifici paragoni sportivi. Conosco fin dall'infanzia, fin da quando suo padre era il mio dottore, la sua passione calcistica. È del 1955, ha quattro anni più di me, e mena vanto esagerando un po' di essere tra i pochi "sopravvissuti" che assistettero dagli spalti alla Finale. Da queste parti la Finale è una sola, quella di Coppa Italia del 1963, stadio di San Siro a Milano, Atalanta-Torino 3 a 1, tripletta di Angelo Domenghini, un giovane destinato a una carriera notevole, l'unico trofeo vinto dai nerazzurri. Bergamo non poté godersi totalmente la vittoria, stava in pena per il suo figlio più illustre agonizzante. Da Roma segnalavano come critiche le condizioni di salute di papa Giovanni XXIII, il papa buono, "ol papa Gioanì" in dialetto, quello della famosa frase pronunciata durante il discorso alla luna: "Tornando a casa date una carezza ai vostri bambini e dite: questa è la carezza del papa". Sarebbe spirato l'indomani. Il trionfo sportivo e il lutto, combinati come per una maledizione che si sarebbe ripetuta.

A Nembro, come in tutta la Bergamasca, l'Atalanta è assai più di un club, è una radice identitaria, un segno di distinzione del territorio, un'alternativa orgogliosa al tifo per i club blasonati, una passione tramandata. Il piccolo Massimo Pandini aveva ancora i pantaloni corti quando la mamma lo accompagnava al pullman dei tifosi per le trasferte e lo dava in consegna all'autista. Ha chiuso con lo stadio in coincidenza della fine ingloriosa, causa scandalo del calcio scommesse, della carriera di Cristiano Doni. Le partite le guarda ancora, in televisione. Per amicizia con il presidente Maurizio Radici è stato medico sociale dell'Albinoleffe, «il primo medico di Pippo Inzaghi da professionista».

Quel "qualcosa che circola e non gli piace affatto" lo sconta sulla sua pelle dopo che santa Lucia ha finito di distribuire i doni. «Faticavo a terminare la giornata, non riuscivo a respirare. I polmoni facevano un rumore che non avevo mai sentito, avevano l'aspetto della borsa di cuoio di una bella donna. Ho pensato che il tabacco mi presentasse il conto dopo una lunga e onorata carriera. Invece era una polmonite bilaterale. Ho ingurgitato antibiotici per venticinque giorni e sono ancora qui.» I polmoni "come la borsa di cuoio di una bella donna", qualunque cosa volesse intendere, provoca un brivido di raccapriccio.

Circolava "qualcosa" già a dicembre anche nella Residenza socio-assistenziale di Nembro, più prosaicamente "il ricovero", se la dottoressa Barbara Codelli, direttrice sanitaria, contò tra gli anziani una decina di decessi per polmonite in quel mese, un numero spropositato rispetto alla media. Nonostante l'eccezionalità non scattò nessuna emergenza. Era inverno, il periodo più critico per l'apparato respiratorio, stavolta il virus stagionale era più aggressivo. Il fatalismo era prerogativa di una profonda cultura cattolica per cui non ci è dato di decidere quando è giunta l'ora e comunque nulla era stato lasciato intentato per salvare chi era stato colpito dal morbo. Né si poteva, allora e per molte altre settimane, collegare la Valle Seriana alla Cina. In primo luogo perché solo il 31 dicembre 2019 le autorità cinesi notificarono un focolaio di casi di polmonite a eziologia non nota nella città di Wuhan, provincia dell'Hubei, e solo il 9 gennaio successivo identificarono un nuovo coronavirus confermandone la trasmissione interumana.

Ero stato a Nembro per passare il Natale con i miei familiari senza avere nessuna avvisaglia della catastrofe incombente. Solita atmosfera di sospensione delle preoccupazioni, solita frenesia alla ricerca del cibo migliore per la sequela di pranzi e cene, solite tombolate e partite a carte.

Con il senno di poi avrei dato una spiegazione a un'influenza anomala contratta da mia figlia Greta quindici giorni dopo il viaggio dai parenti nella Bergamasca. Al rientro dalle vacanze, fui chiamato dalla segreteria del liceo classico di Rimini, dove frequentava il primo anno, perché non stava bene. Ebbe la febbre costantemente sopra i 38 con punte oltre i 39 per una decina di giorni nonostante la tachipirina e l'antibiotico, aveva un sonno invincibile tanto da dormire anche sedici ore al giorno e una spossatezza invalidante. Covid probabilmente, e non lo sapremo mai perché in seguito lo contrasse in modo certificato e dunque anche l'esame degli anticorpi sarebbe stato inutile per capire se lo avesse già avuto. Come non si saprà mai con esattezza di Lazzaroni, dei vecchi del ricovero, di centinaia di altri.

Da dicembre a fine febbraio, quando è stato individuato in Italia, e a Nembro con gli esiti più nefasti, è stato concesso un vantaggio smisurato a un virus che si replica a velocità supersonica. Se è difficile attribuire colpe specifiche, ci si può rammaricare però del ripensamento del ministero della Salute che ha impedito di ridurre di un mese il vantaggio dell'agente patogeno e omicida. E un mese significa morti, tanti morti. Il 22 gennaio il ministero raccomandò di segnalare come sospetto caso Covid-19 chiunque manifestasse sintomi anomali "senza tenere conto della sua storia di viaggio". Cinque giorni dopo, seguendo è vero le indicazioni dell'Organizzazione Mondiale della Sanità, la correzione: si segnalino solo persone che hanno avuto contatti con la Cina. Applicando i criteri della circolare, si assumeva il presupposto che il virus non circolasse nella Penisola. Dunque non vennero fatti tamponi se non a viaggiatori provenienti dall'Oriente fino a quando l'anestesista di Codogno, Annalisa Malara, violò le regole e identificò il paziente Uno, Mattia Maestri.

Il 30 gennaio, all'hotel Palatino di Roma, furono scovati due turisti cinesi infetti, provenienti da Wuhan e ricoverati all'Istituto Spallanzani. Il giorno dopo il governo decretò lo stato d'emergenza per sei mesi.

"Stato d'emergenza" è una definizione estrema, eppure la si coniugava solo con il "pericolo giallo". Si cambiava marciapiede alla vista di un cinese, si evitavano i ristoranti cinesi, i negozi dove si vende "tutto a un euro" sempre cinesi, i quartieri cinesi. Si percepivano i cinesi come untori, responsabili di ogni male: un razzismo strisciante verso un intero popolo, anche verso coloro che magari sono nati in Italia e la Cina l'hanno conosciuta solo attraverso i racconti dei genitori. Tanto che il sindaco di Bergamo Giorgio Gori l'11 febbraio si sentì in dovere di lanciare sui social network un messaggio che definisce il clima.

> *Oggi ho scelto di pranzare in un ristorante cinese di Bergamo. Non ci vado molto spesso, ma oggi volevo dare, insieme ai colleghi della Giunta comunale e al consigliere delegato alle nuove cittadinanze Roberto Cremaschi, un segnale di vicinanza alla comunità cinese di Bergamo, composta da più di 1300 persone, in questo momento così difficile.*
>
> *Le voci e gli articoli che si rincorrono sul coronavirus hanno creato in questi giorni un allarme generalizzato. I cinesi bergamaschi sono comprensibilmente in apprensione per i loro cari, per gli amici e i parenti che vivono in Cina. Quello che invece non si giustifica è l'allarmismo che ha portato molti italiani, e tra questi anche alcuni nostri concittadini, ad evitare ogni contatto con i cinesi che vivono qui, addirittura smettendo di frequentare i negozi e i ristoranti gestiti dai cinesi. Il danno per questi ultimi rischia di essere molto rilevante. Ecco perché oggi abbiamo deciso di andare a pranzo in uno di questi ristoranti. Aperto dal 1996, è ormai un punto di riferimento in città per gli appassionati della cucina cinese: il cibo è buono, il conto assolutamente onesto e il servizio impeccabile. Il nostro piccolo gesto di solidarietà vuole essere un segnale: non c'è nulla di cui avere timore. Evitiamo che ai problemi veri, quelli legati alla malattia che si è diffusa in Cina, debbano sommarsi anche quelli segnati solo dal pregiudizio.*

Al netto della sindrome cinese, la vita scorreva regolarmente. Per inerzia e perché così ci piace, non siamo disponibili a cambiare le nostre abitudini, a stravolgerle, siamo conservatori della nostra "comfort zone".

Guardavamo con compatimento qualche passante che nei luoghi affollati come le stazioni indossava una mascherina protettiva, lo giudicavamo un eccesso da ipocondriaci, un Carnevale anticipato. E c'era il conforto dei primi virologi, che facevano capolino sulle reti televisive e che poi sarebbero diventati star. Minimizzavano: anche arrivasse, sarà come un'influenza di stagione, solo un po' più complicata.

Le rassicurazioni erano melodie per orecchie bendisposte a riceverle. Ma anche in loro assenza i bergamaschi mai avrebbero rinunciato ad assembrarsi per l'appuntamento con la storia, un'iperbole spesso usata nel racconto epico dello sport. Atalanta-Torino era stata derubricata da partita più importante nella storia del club, scavalcata dall'imminente Atalanta-Valencia, ottavo di finale della Champions League, da disputare il 19 febbraio, mercoledì, allo stadio di Milano, essendo non omologato per la competizione, e oltretutto in ristrutturazione, il vetusto Brumana di viale Giulio Cesare a Bergamo.

La terra proverbiale per laboriosità derogò alla sua nomea e si preparò a un esodo massiccio. Alcune fabbriche chiusero per liberare i dipendenti, così gli uffici. I negozi, anche di prima necessità, appiccicarono cartelli alle saracinesche: "Chiuso per Atalanta". Un padre di nome Vincenzo firmò la seguente giustificazione per l'assenza del figlio dalle lezioni pomeridiane: "Edoardo non ci sarà perché impegnato, con il papà, ad assistere a una pagina di storia di Bergamo". Una mamma, Alice, ancora più enfatica e contando sulla scontata benevolenza degli insegnanti, pure in fibrillazione per l'evento: "Mattia sarà assente, inseguirà la storia con suo padre e quarantamila bergamaschi.

Grazie e forza Dea". Dea perché tale era Atalanta nella mitologia greca, così fu battezzata la società, il 17 ottobre del 1907, dai cinque fondatori non a caso studenti del prestigioso liceo classico Paolo Sarpi, fucina della classe dirigente della città.

Quarantamila era cifra approssimata per eccesso. In realtà furono quattromila di meno i tifosi che invasero l'autostrada A4 verso Milano fin dal primo pomeriggio, con auto private, centoventi pullman, persino motociclette. Di questi, almeno milleduecento, stando a una ricerca dell'agenzia di data management Intwig, provenivano dall'area di Nembro e Alzano. Il risultato finale fu un clamoroso 4-1 e dunque quattro ulteriori occasioni per abbracciarsi, stringersi, baciarsi oltre alla normale vicinanza da stadio. Fu calcolato che nei quindici giorni successivi circa ottomila spettatori ebbero sintomi riferibili al Covid e quasi tremila risultarono positivi al test.

Il prezzo della passione fu decisamente alto. È probabile che alcuni ultrà lo avrebbero pagato anche sapendo a priori, o almeno avrebbero corso il rischio dotandosi di dispositivi di protezione individuale, semmai li avessero reperiti. Ma il 19 febbraio si era ancora nel mondo "di prima", nessuna autorità aveva ammonito, tantomeno vietato. Era da un secolo, dall'influenza spagnola del 1918-20, cinquanta milioni di morti censiti, che l'Occidente non soffriva una pandemia così violenta. Popoli e governanti avevano perso la memoria e l'abitudine a considerarla nel novero delle eventualità. Solo Hollywood l'aveva contemplata nelle sue sceneggiature e l'avevamo incasellata sotto il genere fantascienza: da lì non l'avremmo rimossa nemmeno dopo il primo caso di Codogno.

Eppure il coronavirus aveva ormai percorso la sua lunga marcia dalla Cina al Lodigiano e non c'era motivo di pensare che non avrebbe mosso un altro passo a Nord, verso le Orobie. Ma il cielo sereno, la temperatura gradevole sui 13 gradi, invitavano alla passeggiata, ai raduni nei crocicchi, alle pacche sulle spalle, ai baci e agli abbracci senza timore. I baci e gli abbracci che sarebbero in seguito tanto mancati. Sul Sentierone, vasca dello struscio al centro di Bergamo, o all'Oriocenter, il centro commerciale vicino all'aeroporto che ne è il non-luogo succedaneo della post-modernità, l'argomento era l'Atalanta e la sua impresa. La squadra avrebbe dovuto rigiocare l'indomani in campionato contro il Sassuolo, ma l'incontro era stato rinviato "per prudenza". Sempre per precauzione era stata chiusa "per una settimana" l'università. Disposizioni arrivate da Roma. La gente aveva fatto incetta di disinfettanti e mascherine e li aveva riposti nell'infermeria di casa, uno scrupolo in caso di necessità. La Same di Treviglio aveva chiuso perché alcuni suoi dipendenti erano originari del Lodigiano, erano state annullate trasferte nell'area del focolaio. Eppure, per contrasto, a Treviglio era atteso il gruppo podistico di cui faceva parte il paziente Uno, l'Ats aveva dato il benestare allo svolgimento della gara. Gli atleti del Chiuduno-Grumellese, calcio a 5, reduci da una trasferta proprio a Codogno, non erano stati messi in isolamento. In generale, un sabato del villaggio che preparava al dì di festa con le sue ritualità consuete, gli aperitivi, le cene al ristorante. Il tran tran solo increspato da alcune seccature o dalle profezie di millenaristi pessimisti. Almeno così nella percezione collettiva. Cassandra non ha mai avuto credito a priori.

Bergamo, alla vigilia della sua discesa agli inferi, sperava in un premio a Berlino per la docufiction di Luca Ferri *La casa dell'amore*, cioè l'appartamento di Bianca, prostituta transessuale. Si preparava col vestito buono per andare in Sala Piatti ad ascoltare Beethoven, Chopin, Brahms nell'interpretazione del Trio Classico di Milano. Al Sociale era in cartellone *La Cenerentola* di Rossini dedicata ai più piccoli. Nei cinema c'era la coda, soprattutto per *Gli anni più belli* di Gabriele Muccino e per *Parasite*, il film coreano onusto di tanti recenti Oscar. E poi gli innumerevoli appuntamenti che rendono piena la vita in una provincia felice. Il mercatino dei libri inutilizzati in Città Alta, le visite guidate alla scoperta dei tesori della biblioteca Angelo Maj, la stagione lirica, gli spettacoli al Creberg (*quel* giorno *Aggiungi un posto a tavola* della consolidata coppia Garinei e Giovannini). Nei paesi delle valli e della Bassa le sagre, gli appuntamenti culinari. E in più erano i giorni di Carnevale e in ogni contrada si annunciavano cortei, tradizionali e bizzarri, come vuole una festa che segna un trapasso, verso la Quaresima certo, ma anche verso giornate più lunghe e la promessa delle primule. Sì, il coronavirus era a Codogno, ma il fine settimana dei bergamaschi era ancora colorato come un Arlecchino. E la venatura di grigio comparsa all'orizzonte una nuvola passeggera esorcizzata, senza successo purtroppo, con ingenua indifferenza.

Nel tempo liberato dalle incombenze lavorative, a ciascuno la sua passione. Fiumi di ciclisti dilettanti intenti a sudare le tossine accumulate durante la settimana in ufficio e in fabbrica, il motocross sulle mulattiere delle Prealpi, lo sci sulle sommità innevate, nel furore ludico se non agonistico di un popolo a cui lo sport piace farlo oltre che guardarlo. Il tifo per l'Atalanta certo. Non solo. Anche per l'Albinoleffe a Siena, illusa da una "rovesciata da cineteca" di Sibilli prima di essere raggiunta sul pareggio da una squadra di casa. L'Omero Bergamo, tornata dopo ventitré anni a essere campione d'Italia di torball, per i meno avvezzi una competizione simil-calcistica per non vedenti o ipovedenti che si gioca in palestra tre contro tre. Mentre fremeva l'attesa per la terza finale consecutiva della Coppa Italia di pallavolo, Serie A2, raggiunta dall'Olimpia. Dopo due sconfitte, avrebbe vinto l'indomani a Bologna, davanti a seicento tifosi, contro la storica rivale Brescia, in un derby mai banale in qualsiasi campo. Il Challenger di tennis a Bergamo aveva portato al match per il titolo un francese e un ucraino. Che sarebbero stati fermati prima del loro duello dalle disposizioni sanitarie. Niente assembramenti al chiuso. E a proposito di spazi coperti: con una tempistica davvero sfortunata il patron del colosso dell'elettrotecnica Gewiss, Domenico Bosatelli, aveva appena presentato il progetto di Chorus Life, un'arena da cinque-seimila posti per sport, spettacoli ed eventi da edificare in due anni.

C'erano alcune categorie, tuttavia, che non ce la facevano a santificare il sabato perché inseguite dai grattacapi della professione. Anzitutto i grandi azionisti di UBI Banca, intenti a contrastare la scalata "ostile" di Intesa e che ancora giuravano: "Offerta inaccettabile".

E, naturalmente, la politica, che mai si ferma.

Il sindaco Giorgio Gori annunciava il suo impegno nel comitato del "no" al taglio dei parlamentari mentre nella Capitale serpeggiava una crisi di governo, con Matteo Renzi che si schierava con la destra per sfiduciare il ministro della Giustizia Bonafede e tramava, secondo i retroscenisti, per sostituire Conte con Draghi. E poi le baruffe locali. Su santalessandro.org, il settimanale della diocesi di Bergamo, don Alberto Carrara aveva definito "paciocconi e chierichetti" i due parroci di Sedrina che avevano regalato a Matteo Salvini un crocefisso durante l'inaugurazione della sede del partito. L'amministrazione di Dalmine aveva deciso salomonicamente di intitolare due luoghi diversi alle vittime della Shoah e delle foibe dopo un'aspra e sacrosanta polemica sull'inopportunità di accomunarle. Il sindaco di Solto Collina, denunciato per istigazione all'odio razziale, aveva chiesto rapidamente scusa per aver augurato il peggio ai cinesi untori, a causa di improvvide abitudini alimentari e tradizioni culturali responsabili della diffusione del virus.

Ultima, ma non ultima, c'era soprattutto parte della categoria degli operatori della sanità a non poter godere del sabato. Un sottile presagio obbligava a riflettere sulle ipotesi più estreme. Fu per scrupolo che Angelo Giupponi, direttore dell'Azienda regionale emergenza-urgenza di Bergamo, si risolse a mettere nero su bianco alcune riflessioni in una email all'assessorato al Welfare della Lombardia. Aprì il computer, digitò l'indirizzo e scrisse: "Credo ci sia l'urgente necessità di allestire degli ospedali esclusivamente riservati a ricoverati per Covid-19, così da evitare promiscuità con altri pazienti e quindi diffusione del virus nelle strutture ospedaliere". Ricevette una risposta lapidaria: "Non dormiamo da tre giorni, non abbiamo voglia di leggere le tue cazzate".

Pur tra segnali contrastanti, la sera del 23 febbraio la stragrande maggioranza delle persone si coricò pregustando una notte serena. L'indomani il sindaco di Nembro Claudio Cancelli, lista civica di centro-sinistra, si svegliò, lesse i giornali e si preparò per l'appuntamento che aveva a pranzo, la festa annuale degli artiglieri dove il primo cittadino non poteva mancare. Avrebbe dovuto essere la sua sola incombenza, senonché il telefono cominciò a squillare. Erano i suoi colleghi dei paesi limitrofi. Volevano confrontarsi con lui sull'opportunità di mantenere la sfilata di Carnevale. Alcuni erano contrari, altri favorevoli e argomentavano: «Che male c'è, si fa all'aperto...». Cancelli, dopo aver tergiversato, si risolse a aderire allo schieramento del no.

C'era però da convincere il sacerdote dell'oratorio, il giovane, energico e intraprendente Matteo Cella che, alla messa delle nove, aveva confermato ai fedeli la festa. Don Matteo non voleva vanificare gli sforzi dei suoi ragazzi, che si erano prodigati per costruire due carri. Si era già immaginato il corteo dalla frazione Viana fino alla piazza con gli animatori, il finale in costume, la folla entusiasta, la baraonda. La conversazione tra i due non fu facile, nonostante l'ottimo rapporto. L'uomo di chiesa, con un eufemismo, l'avrebbe poi definita "robusta".

«Pronto don Matteo, guarda che i sindaci qui attorno vogliono sospendere.»

«Claudio, vi fate spaventare da niente.»

«Anche io ho dei dubbi, ma si stanno fermando tutti, fermiamoci anche noi. Siamo prudenti e diamo un messaggio comune.»

«Possiamo ripiegare su una cosa più piccola, facciamo qui all'oratorio, salviamo l'idea del Carnevale.»

«La Regione ha indetto una conferenza stampa, si prevede che annunceranno dei blocchi.»

«Ma dai, che peccato, è il primo anno che avevamo tutto così ben organizzato...»

Per il dispiacere di grandi e piccini, la decisione era presa e la di poco successiva chiusura dell'ospedale di Alzano l'avrebbe avvalorata.

Era solo l'inizio di una giornata schizofrenica a cui ne sarebbero seguite tante altre. Si formavano all'impronta partiti delle aperture e delle chiusure. Le stesse persone cambiavano bandiera nel volgere di pochi minuti a seconda dell'umore, dell'ultimo discorso di un esperto o pseudo tale, dell'interesse personale. Una confusione che stordiva, spiazzava, disorientava, impediva di formarsi una solida opinione. Era il triste spettacolo di una scienza che dimostrava la sua inadeguatezza davanti all'ignoto, presa in contropiede dalla cultura dell'immediato tipica dei social. In un momento in cui, invece, sarebbe stato saggio ammettere di non sapere, almeno di non sapere tutto, senza inseguire il caravanserraglio dei talk show che obbligano a essere assertivi per veicolare il messaggio. Professori di gran fama rischiavano la reputazione per il quarto d'ora di celebrità di Andy Warhol. Il frullatore girava impazzito provocando nausea e mal di testa. La politica, a rimorchio, sceglieva tra le tante opzioni quella probabilmente più condivisa dal suo elettorato senza avere, e per la verità era impossibile avere, consapevolezza degli effetti. Era come giocare alla roulette e invocare il numero fortunato.

La Regione Lombardia, presidente Attilio Fontana, Lega, e assessore al Welfare Giulio Gallera, Forza Italia, si risolse per una "zona gialla" di sette giorni a Bergamo e provincia, una mediazione tra il non far niente e la ben più restrittiva "zona rossa". Significava scuole chiuse, sospensione di manifestazioni o iniziative di qualsiasi natura, di eventi e di ogni forma di riunioni in luogo pubblico o privato, anche di carattere culturale, ludico, sportivo o religioso, chiusi bar e locali di intrattenimento (ma non i ristoranti) dalle 18 alle 6 del mattino. Gallera precisò: «Proviamo a ridurre gli assembramenti anche se non è una pandemia». E subito le misure furono giudicate troppo o troppo poco. Si procedeva a tentoni, come in una notte senza stelle e senza luna.

Il sindaco Claudio Cancelli poté misurare la distanza tra il predicare bene e il razzolare male quando verso sera fu convocato assieme agli altri 242 pari grado dei comuni della Bergamasca in una sala del Centro Congressi Giovanni XXIII. Tutti stipati nello stesso luogo e senza mascherina ad ascoltare in videoconferenza Fontana e Gallera che spiegavano i provvedimenti e invitavano a impedire concorsi di folla nello stesso luogo, soprattutto se al chiuso. Tutti senza mascherina, tranne uno: il sindaco di Ambivere Silvano Donadoni, medico. La mattina a Firenze, dove si trovava per un congresso, se ne era procurate una cinquantina in un paio di farmacie. Quando lo convocarono per la riunione banalmente considerò: «Vado in un luogo chiuso con tante persone quindi mi porto la mascherina, anche se ero convinto che le avrebbero distribuite all'ingresso. Invece ero l'unico a indossarla. Mi chiesi se venissi da un altro pianeta o se ci fosse qualcuno che non aveva capito niente. Un dirigente di Ats mi disse: cosa fai con la mascherina? Quasi a deridermi. Capii che eravamo partiti male».

Almeno ai volontari delle ambulanze erano state impartite direttive precise, dato che erano la prima linea:

indossare tute bianche monouso in TNT (tessuto non tessuto) sopra le normali divise emorepellenti, occhiali protettivi, mascherine FFP3, copricapo, copricalzature, doppi guanti; dopo l'utilizzo gettare in contenitori ermetici; in caso di sospetto contagiato solo uno dei tre soccorritori doveva entrare in contatto col paziente e stare con lui nel retro dell'ambulanza; al rientro, decontaminazione totale del mezzo.

Claudio Cancelli rincasò con la sensazione che le azioni decise fossero relativamente blande, che si stesse scherzando col virus e che se si fossero prese misure più drastiche si sarebbe trasmesso alla popolazione un messaggio assai più efficace.

Dopo il 23 febbraio

La foto WhatsApp di mio cognato Flavio con gli scaffali dell'Esselunga vuoti il 24 mattina, unita al gran clamore attorno a Nembro e Alzano, fu come una sveglia che mi obbligò, seppur da lontano, a riflettere sul da farsi. È vero che i messaggi delle autorità, seppur contraddittori, tendevano ancora alla rassicurazione, insistevano sui tempi brevi delle restrizioni, nell'implicita convinzione che il virus sarebbe stato debellato in fretta, ma lassù io ho una madre di ottantatré anni, la José, in discreta salute per fortuna, però pur sempre ottantatreenne. Un rapido consulto con i miei fratelli e decidemmo di blindarla per evitare rischi sino al cessato allarme. Vive da sola, è autosufficiente. Carlo, mio fratello, si alternerà con Lina, mia sorella, con Flavio, con mia nipote Carla; lasceranno il cibo e quanto altro necessario sull'uscio di casa. Nelle giornate senza pioggia o neve (ce ne saranno moltissime, sarà una fine inverno – inizio primavera generosa di sole) potranno farle un po' di compagnia mantenendo le distanze, loro in giardino e lei affacciata sul terrazzo. Lunghe telefonate allevieranno la solitudine e comunque mamma è abituata a stare sola da quando papà è mancato e sono quattordici anni. La chiamai, glielo comunicai e non fu affatto sorpresa, nemmeno dispiaciuta. Cambiò discorso e, al solito, preferì parlare di papà, ricordare qualche aneddoto di quando Gianni c'era. La sua è una sfida personale a tenerlo in vita tramite le parole ed è un archivio formidabile di aneddoti, una memoria prodigiosa di fatti, circostanze, dagli anni Cinquanta, quando si conobbero, in poi. Può variare argomento solo se si tratta del Belgio. È nata in Vallonia nel 1937, dove mio nonno Mario era emigrato per lavorare nelle miniere, e fu battezzata Marie José in onore della futura e ultima regina d'Italia. Nel 1941, a seguito dell'invasione nazista, furono costretti a tornare a Nembro, dove il fascismo volle mutare il suo nome in Maria Giuseppina, un'italianizzazione da lei sempre rifiutata. Quattro anni aveva trascorso su al Nord, eppure così decisivi, se ha sempre preferito i cieli grigi e piovosi del posto dove è venuta alla luce all'azzurro del Mediterraneo.

Le ricordai che, finché la clausura non fosse finita, non avrebbe potuto fare la sua solita passeggiata alla miniera, una ricostruzione di quelle belghe opera di un migrante, una sorta di monumento a ricordo di ciò che fummo: un luogo da dove la fame costringeva a partire e allora gli albanesi, i siriani, gli afgani, i tunisini, i marocchini, i senegalesi eravamo noi. Mi sembrò di vedere attraverso la cornetta la sua alzata di spalle: «Pazienza».

I duri esordi del suo percorso terreno l'avevano abituata non alla rassegnazione ma all'accettazione.

«Mamma, non potrai nemmeno andare a trovare papà al cimitero.»

«Pazienza.»

«Pazienza anche per papà?»
«Tanto è sempre qui con me.»
La sua esperienza da espatriata fu decisiva nella nostra educazione familiare quando a Nembro arrivarono, negli anni Ottanta, i primi stranieri, africani del Senegal, per lavorare nelle acciaierie dove sempre meno bergamaschi erano disposti a spezzarsi la schiena e ambivano a occupazioni più prestigiose. La nostra casa era aperta per loro, ogni sera si apparecchiava per un paio di persone in più. Raccoglievamo vestiti, coperte, per quei bellissimi ragazzi che avevano sempre freddo, bevevamo i loro racconti sulle usanze del Paese d'origine, condividevamo la pena quando dall'Africa ricevevano lettere in cui venivano informati che per loro era stata scelta una moglie. Allegata c'era una foto della futura sposa, senza che mai l'avessero incontrata. Cercavamo stratagemmi per prendere tempo, rimandare il matrimonio. Per ricambiare, loro si offrivano talvolta di cucinare cibi della tradizione. In ciascuno di loro mamma rivedeva se stessa. Quel suo legame viscerale con il Belgio contagiò altre mie scelte più futili. Tra i coetanei ero l'unico a parteggiare per Eddy Merckx e non per il bergamasco Felice Gimondi, nell'acceso dualismo del ciclismo secondo solo a quello tra Coppi e Bartali. Mi accusavano di volere vincere facile. Era invece qualcosa di ereditario, unito anche a un sottile piacere di diversità. Ascoltavo le canzoni di Adamo, ai più sconosciuto ma popolare in Belgio. Sugli atlanti studiavo Bruges, la Venezia del Nord, Ostenda, Anversa, Charleroi, Lovanio. Ero incantato dal *Bambino che piscia*, il *Manneken-Pis*, la statua simbolo di Bruxelles, e dall'*Atomium*, il monumento dedicato all'atomo.

Dopo la mamma telefonai a Marina, amica di sempre, in questo caso consultata come esperta. Non una virologa o un'epidemiologa, ma una laureata in chimica e tecnologia farmaceutica, in cui riponevo la più cieca fiducia anche per le questioni non di sua stretta pertinenza. Marina Noris aveva sposato l'amico di sempre Daniele Filisetti, calciatore dell'Atalanta, poi della Lazio e del Venezia. Un connubio non usuale tra calcio e scienza che aveva provocato discussioni furibonde sulla palese ingiustizia per cui lui, dando calci a una sfera, guadagnava dieci volte più di lei che trascorreva dodici ore al giorno in laboratorio all'Istituto Mario Negri per cercare di migliorare le condizioni di noi umani. E certo con profitto, se il professor Silvio Garattini l'avrebbe gratificata in una pubblica intervista indicandola come una possibile premio Nobel. Daniele cercava di difendere la posizione obiettando che il pallone "riempiva gli stadi", produceva business ed era la legge del mercato. E come si giustificava allora, ribattevamo, il fatto che i club fossero in deficit senza nemmeno pagare di tasca propria le migliaia di agenti che garantivano la sicurezza durante le partite? Alfine cedeva conciliante constatando: «Almeno grazie ai miei guadagni lei può permettersi di fare quello che fa». Nonostante le lusinghe di molte aziende private, nonostante offerte generose arrivate dagli Stati Uniti, Marina non aveva mai derogato dalla scelta originale, la ricerca pura e non condizionata dagli interessi di Big Pharma era la sua missione. E trovava anche lo spazio per dedicarsi a Nembro, faceva politica, capogruppo di maggioranza in consiglio comunale, per un'attenzione alla cosa pubblica succhiata assieme al latte materno: la sua famiglia d'origine era di sinistra.

«Ciao, Marina, come va? Io da oggi ho blindato mia madre.»

«Hai fatto benissimo, Gigi.»

«Sì, ma come si mette con questo virus?»

«Rilassati, mettiti tranquillo, tanto lo faremo tutti.»

«Come tutti?»

«Tutti, non c'è scampo.»

«Dicono che sarà come un'influenza, non si può trovare un vaccino?»

«Per i vaccini ci vuole tempo, tanto tempo. Intanto bisogna combattere con i farmaci tradizionali.»

«Con la Sars non andò così. Era uno spauracchio e si è risolto in una bolla di sapone.»

«Vallo a dire a quelli che ci sono morti. La differenza con la Sars è che chi l'ha contratta in un paio d'ore non riusciva a stare in piedi, era costretto a letto e non poteva infettare. Per paradosso la forza di questo coronavirus è la sua relativa debolezza. Lo puoi prendere ma sei asintomatico, continui ad andare in giro e contagi gli altri. Ecco perché non ne potremo uscire facilmente e lo faremo tutti.»

Marina fece uno sforzo, credo, per usare un linguaggio comprensibile con un ignorante settoriale come me. La scienza spiegata al popolo. Tremendamente efficace. "Lo faremo tutti" mi rimbombava nella testa e lo ripetevo ai miei interlocutori con la sicurezza che derivava dalla competenza della mia fonte privilegiata. Nemmeno Marina aveva però la sfera di cristallo per prevedere cosa sarebbe successo nella nostra Nembro. "Lo faremo tutti" non contemplava il modo in cui l'avremmo fatto.

In ogni caso quelle tre parole furono un campanello d'allarme. Tre dei miei parenti lavorano nel settore più delicato, la sanità. Mia sorella Lina e sua figlia, mia nipote Carla, in uno studio medico, mio fratello Carlo in un'azienda che produce tecnologie medicali all'avanguardia per ospedali della regione, in cui si deve recare spesso.

Lina era già in ufficio di prima mattina.

«Come stai, sorella?»

(Non ho mai pronunciato questa frase di cortesia così spesso come in pandemia e non era cortesia, era apprensione.)

«Mi sento strana. Sono stanchissima anche se ho dormito bene, ed è solo lunedì mattina. In più ho perso il senso del gusto e dell'olfatto.»

«Perché sei in ambulatorio allora? Vai a casa e mettiti a letto. Gusto e olfatto significa coronavirus.»

«Non so se è quello.»

«Ma dai, lo dicono tutti che sono sintomi.»

«E comunque non posso andarmene. La sala d'aspetto è piena di gente.»

«Una ragione in più.»

«Non insistere, Gigi, non voler imporre come al solito la tua volontà. Non posso e basta.»

«Così rischi di ammalarti ancora più seriamente e allora sì che non ci vai per un bel po' a lavorare. Mentre se ti curi subito...»

«Ho detto di no, scusa devo andare, qui è un delirio. Ciao.»

Lina ha un anno meno di me, conosco bene la sua ostinazione e l'inutilità di ogni tentativo di persuasione. Conosco soprattutto la sua dedizione e il debito di riconoscenza verso i dottori che l'hanno assunta quando, in età matura e dopo che aveva fatto grande Carla, le avevano dato l'opportunità di rientrare nella vita attiva, di sentirsi realizzata oltre che utile. Non li avrebbe mai abbandonati, nemmeno per una buona ragione.

Carla e Carlo mi rassicurarono sbrigativamente sulle loro condizioni, ma Carlo mi lasciava il dubbio: è proverbiale il suo modo di tagliare corto con una frase che stronca ogni possibilità di replica: "G'ho bo tep", la cui traduzione dal bergamasco non rende bene se letterale: sarebbe "ho buon tempo", ossia qualunque cosa abbia non è niente e del resto non ve lo dirò mai. Carla pure aveva l'ambulatorio pieno di gente, anche se ancora era difficile distinguere se fosse per l'influenza stagionale o per il virus-spauracchio.

Il dottor Massimo Pandini ricevette una telefonata dalla Asl che lo obbligava alla quarantena perché era entrato in contatto con assistiti risultati positivi. Ebbe solo il tempo per visitare alcuni disperati che lo imploravano di prescrivere loro delle medicine e di rispondere invariabilmente con quel suo tono ironico, comico, sdrammatizzante e spiazzante: «Ma non ho più niente, dopo tutto quello che vi ho dato c'è solo l'intossicazione, c'è il cianuro!». Quando arrivò l'alt nella peraltro angusta sala d'aspetto c'erano almeno trenta persone. Allargò le braccia e si congedò: «Sorry, si chiude, vado a casa».

L'ambulatorio di Massimo è in piazza Umberto I, davanti alla chiesa principale. Basta percorrere una salita di una cinquantina di metri per raggiungere l'oratorio dove don Matteo Cella ancora non si dava pace per il Carnevale annullato. E le altre limitazioni decise fiaccavano il suo attivismo peripatetico. Il lunedì prima del martedì grasso era tradizione che portasse i ragazzi al parco acquatico coperto di Concorezzo, il viaggio era saltato, messe non se ne potevano celebrare, restare a girarsi i pollici non era da lui. Convocò gli orfani della gita e propose: «Fa caldo, c'è il sole, andiamo a fare due passi sui monti qui sopra. Santuario dello Zuccarello, le Podone, Salmezza. Diamo due calci al pallone in un prato e torniamo indietro».

La sgambata doveva essere l'antidoto alla depressione e allo scoramento. Gli adolescenti erano frastornati davanti al vorticoso accavallarsi di scenari apocalittici e tranquillizzanti adombrati da esperti, pseudoesperti o semplici orecchianti che spargevano verità imparate su Internet nella spavalda sicumera per cui ci si poteva acculturare un tanto al chilo anche su questioni così ardue da dipanare. Don Matteo valutò che si stavano creando due fazioni nettamente contrapposte: «Parte del paese si precipita a fare scorte di generi alimentari e un'altra parte deride la prima. Col rischio di trasformare i primi in isterici e i secondi in superficiali». Le autorità, dal canto loro, contribuivano al caos con decisioni rimangiate, tipo quella sull'ospedale di Alzano chiuso e riaperto quasi si fosse trattato di uno scherzo. Ciascuno aveva un guru di riferimento e guai a chi osava contraddirlo. Meglio andare in montagna e giocare al pallone. Già che c'era, durante quella vacanza imposta anche al sacro, don Matteo decise di programmare un lungo fine settimana, da giovedì 27 febbraio a domenica primo marzo, sulle nevi dell'Alto Adige. Non si era mai concesso una settimana bianca ed era giunto il momento di regalarsela, seppur ridotta.

Le urla che provenivano dalla direzione medica dell'ospedale di Alzano erano il segno che la mattina dopo il giorno X il dottor Francesco Marzulli era di pessimo umore. Non trattenuta da pareti sottili, la sua rabbia si spargeva dintorno ed era chiaro contro chi era rivolta: i suoi superiori che avevano imposto la riapertura. Fu forse per il suo argomentare, seppur furibondo, che gli concessero di chiudere il nosocomio ma non il pronto soccorso, la psichiatria, perché era l'unica della zona, e la pediatria. Una soluzione democristiana, avremmo detto in altri tempi. Il personale era confuso e alla confusione si sommavano le preoccupazioni per le eventuali responsabilità penali. Quanto al resto, mancavano gli strumenti minimi per poter contrastare un virus che era da giorni penetrato fra le mura dell'ospedale, inarrestato percorreva stanze e corridoi, infettava un numero crescente di umani e stava dilagando senza argini. Tutto talmente folle che Marzulli si decise, la mattina del 25 febbraio, a vergare una lettera alla direzione sanitaria, alla direzione generale, a tre suoi colleghi di Seriate, perché *scripta manent*.

Si desidera far presente che presso il pronto soccorso di Alzano Lombardo stazionano tre pazienti senza che essi vengano accolti né dall'ospedale di Seriate né da altre strutture aziendali. È evidente che in queste condizioni il pronto soccorso di Alzano non può rimanere aperto. Pare che sia stata data indicazione di non accettare i pazienti fino all'esito del tampone per coronavirus. Tale indicazione è assurda (e uso un eufemismo) in quanto, come noto, i tempi di refertazione sono mediamente attorno alle 48 ore e ciò vuol dire fare stazionare i pazienti per 48 ore presso il pronto soccorso di Alzano Lombardo, cosa contraria a qualunque protocollo e anche al buonsenso. Quando è stato sollevato il punto dell'assurdità di tale disposizione, il problema è diventato la mancata disponibilità di posti letto. Ritengo indispensabile un intervento urgente.

Un tono irridente per disperazione, che però non sortì alcun effetto se non le rimostranze dei destinatari.

La lettera fu spedita lo stesso giorno in cui in un letto della medicina spirava Franco Orlandi, ex camionista, il primo morto "ufficiale" per coronavirus di Nembro (c'era già stato, ricordate?, Mauro Lazzaroni, non risulta negli elenchi perché catalogato come infartuato). Era stato ricoverato il 15 febbraio, febbre alta, problemi respiratori. Nessuna grave patologia pregressa, salvo tre bypass. Al pronto soccorso c'era il dottor Nadeem Abu Siam, "Abu Omar", palestinese con carta d'identità israeliana, in Italia da sufficiente tempo per capire cosa gli sussurrava nell'ostico dialetto l'anziano signore: «G'ho mia ol fiat», non ho il fiato. Capì, Abu Omar, che c'era qualcosa di strano, chiese alla radiologia di fargli una lastra ai polmoni. Consultò un internista di medicina perché la decrittasse, visto che lui non ne aveva la capacità. Il collega si espresse: «Per me è coronavirus». Nonostante questo Orlandi fu ricoverato in reparto. Avrei incontrato mesi dopo il dottore palestinese nella sua casa zeppa di valigie chiuse. Stava tornando in Israele perché la mamma si era a sua volta ammalata di Covid e lui non aveva ottenuto il permesso di prendersi una vacanza, dunque si era licenziato. Mi raccontò della sua storia d'amore con Arianna, la salernitana con cui si era sposato dopo un fidanzamento travagliato e contrastato dalla famiglia di lei. Poi arrivò al punto e sospirò: «Certo si sarebbe potuto individuare il virus diversi giorni prima».

Mentre in ospedale cominciavano a delinearsi i contorni del disastro, non così all'esterno. Il 26 febbraio il sindaco di Bergamo Giorgio Gori vergò un post su Facebook di cui in seguito ebbe l'onestà di pentirsi. Una fotografia in un ristorante con la moglie Cristina Parodi, nota giornalista e conduttrice televisiva, accompagnata da un testo resiliente:

> *Bergamo non ti fermare! Questi giorni ci hanno messo a dura prova. Le notizie sulla diffusione del virus e le prescrizioni che a partire da domenica hanno limitato tanti aspetti della nostra vita hanno generato un clima di preoccupazione che è andato molto al di là del necessario. È come se il nostro spirito attivo e positivo fosse improvvisamente spento e intimidito. La città sembra sospesa. Io credo sia giusto seguire le indicazioni, ma al tempo stesso dobbiamo andare avanti con intelligenza e buonsenso, senza allarmismi. Sono convinto che un virus non fermerà Bergamo, né oggi né in futuro, e noi che amiamo questa città dobbiamo ridarle presto coraggio e vivacità. Con questo spirito stasera ho proposto a mia moglie Cristina di venire a cena da Mimmo (un classico per noi bergamaschi) per passare una bella serata insieme e dare un piccolo segnale: per dire a noi stessi, e per dire a tutti: Forza Bergamo!*

La stessa sera di Gori in pizzeria da Mimmo, il sindaco di Nembro Claudio Cancelli si misurò la febbre ed era alta. In aggiunta perse il senso dell'olfatto. Indizi sufficienti per isolarsi in camera nel timore di contagiare la moglie Simonetta e il figlio Tommaso. Aveva appena firmato un'ordinanza precauzionale per vietare il mercato del giovedì e stabilire che gli accessi in municipio fossero possibili solo su appuntamento. Ed era abbastanza esterrefatto, perché quel giorno il direttore generale dell'Ats Massimo Giupponi aveva imposto di tenere aperti i centri semiresidenziali per anziani: «Un'evidente, completa, sottovalutazione». Avvisò la stessa Ats della sua situazione ottenendo l'assicurazione che il venerdì 28 l'avrebbero sottoposto al tampone.

Gori in pizzeria, Cancelli recluso, mentre all'ospedale Papa Giovanni si stava consumando lo struggente incrocio di destini di un padre e di un figlio di Nembro. Antonio Ardenghi, ottantadue anni, era detto "il Roccia" e mai appellativo fu più azzeccato. Aveva forgiato un fisico che sembrava indistruttibile fin da bambino, nel magro dopoguerra, quando, consapevole delle difficoltà della famiglia, se ne andava per campi a fare razzia della frutta di stagione che trovava sugli alberi. A Nembro non erano ancora sorti come funghi i capannoni industriali che l'avrebbero trascinata nel boom economico e le vaste lande verdi erano territorio dove cercare di arraffare tutto quanto era commestibile. Polenta e cacciagione solo la domenica e il primo boccone era del capofamiglia. Dopo la licenza di quinta elementare era stato mandato a Voghera, nel Pavese, in una fattoria. Sveglia all'alba per mungere le mucche e poi a spezzarsi la schiena nei campi fino al tramonto. Alla fine la gioia del ritorno al paese, il lavoro fisso nell'azienda dove resterà fino alla pensione che non gli bastava però, con le sei bocche da sfamare compresa la sua che si ritrovava in casa dopo che aveva fatto quattro figli con la Maria Noris. Così a quella trascorsa in fabbrica sommava una seconda giornata di fatica come muratore. A quei tempi non era un'eccezione. La Maria l'aveva conosciuta al campo della Nembrese, ricavato vicino all'argine del fiume Serio. Antonio era un terzino resistente e veloce, se vinceva sempre la gara con gli amici a chi riusciva a salire in corsa sulla Littorina per Clusone. Quella domenica si era infortunato alla caviglia. Lei era andata per vederlo, anche se non si era ancora dichiarata, e se lo era visto spuntare sotto l'ombrello, pioveva a dirotto. Lui non aveva avuto il coraggio di fare il primo passo ed era stata lei a prendere l'iniziativa per una storia d'amore che sarebbe durata cinquantasette anni.

Io il "Roccia" lo ricordo alla sfilata degli Alpini, tra la banda e le marcette e il Piave che mormorava calmo e placido al passaggio e l'atmosfera garrula che ogni anno accompagnava l'evento. Lui, fiero, con il volto calato nella parte, il cappello con la piuma in testa, il naso prominente. Sempre stato taciturno il Roccia, che degli Alpini era una colonna, non un leader ma un esecutore silenzioso di ordini, manco fosse nell'esercito, manco fosse ancora sotto naja. "Se l'è de fa l'è de fa", se è da fare si deve fare, era il suo motto caratteristico. Non si esagera nel sostenere che, grazie all'esperienza di muratore, da solo ha costruito metà della nuova sede del gruppo Alpini al parco Rotondo e ha ristrutturato la chiesa in località Canaletta, laddove l'abitato di Nembro diventa bosco e ritrovo per gli innamorati. Nemmeno il vizio del fumo aveva intaccato la fibra di quel corpo da... roccia appunto.

Finché il 16 febbraio accusò i primi sintomi, rincasando dalla messa di don Matteo. Il dottor Pandini gli prescrisse tachipirina e antibiotico ma niente, non passava, mangiava poco e sembrava disidratato. Il 24 la decisione di ricoverarlo, il tampone, la sentenza che arriva il 26: Covid, dunque trasferimento d'urgenza all'ospedale della città quando già annottava. Non sapeva, perso com'era nel circuito ospedaliero, che il figlio Beppe era stato portato lì da poche ore. Beppe pure da almeno sei giorni non aveva appetito e aveva la temperatura tendente al 39 che non si abbassava. La sorella si offrì di andare a fargli la spesa e lo trovò in condizioni pessime, si risolse a chiamare subito l'ambulanza. Con il saturimetro, uno strumento che avremmo imparato a conoscere, gli misurarono la quantità di ossigeno nel sangue: 80, quando il parametro normale è 98. Non c'era tempo da perdere, di corsa al Papa Giovanni, terapia intensiva, dove gli misero immediatamente la Cpap. Reagiva, grazie a Dio. Mentre a pochi metri di distanza, ignari l'uno dell'altro, il padre Antonio scivolava lentamente nelle tenebre. Sarebbe spirato l'indomani alle sette. A Beppe non dissero nulla perché la notizia ferale poteva pregiudicare la sua possibilità di resistenza. Si augurò più volte di morire e ricacciava l'idea pensando che doveva farcela per le sue ragazze, non distingueva il giorno dalla notte, la luce era sempre accesa. Si alzava per guardare gli altri ricoverati e li vedeva che si strappavano per disperazione la Cpap. Un medico, il dottor Di Marco, gli chiese se fosse disposto a essere curato con una terapia sperimentale, un farmaco antireumatico. Rispose che facessero di lui ciò che credevano meglio.

Lo turbò la visione della morte. «Nel letto a fianco al mio un signore non sopportava il casco, se lo toglieva in continuazione. Non potrò mai dimenticare il suo rantolo negli ultimi istanti prima di spirare.»

Quando fu fuori pericolo, ed era ormai il 7 marzo, cercò il suo telefono. Il fratello arrivò in tempo per sottrarglielo e cancellare i messaggi di condoglianze per il padre che sicuramente erano stati registrati. Voleva essere lui a informarlo con tatto e delicatezza. Così: «Tu sei entrato forte, papà è entrato debole». Capì e gli si spalancò l'abisso. Volle credere che papà avesse deciso di andarsene per far vivere lui, in una sorta di baratto in cui la merce di scambio era il proprio corpo.

Ma torniamo ai giorni in cui si stava ancora sospesi in precario equilibrio tra speranza e disperazione collettiva. Il 27 febbraio mia nipote Carla mi mandò un video in cui, dall'auto, aveva ripreso la lunga strada che taglia verticalmente Nembro. Non si vedeva un'anima. Sotto, il suo commento lapidario: "Non c'è in giro nessuno". Le televisioni invitavano alla calma, i giornali facevano notare che il numero dei colpiti non stava "decollando". Altrove, non in Valle Seriana, si permetteva ai bar l'apertura anche oltre le diciotto. Circolava la convinzione che il virus fosse selettivo, fatale per gli anziani, molto meno a mano a mano che si scendeva con l'età e allora perché vietarsi la normalità che si definisce noia quando non ci sono pericoli ma che diventa l'anelito a cui tendere quando qualcosa ci è proibito? Eppure a Nembro, come se fosse scattato un sesto senso collettivo, non c'era in giro nessuno. Gli abitanti ormai diffidavano delle cifre ufficiali preferendo credere ai loro conteggi empirici. Quando si diceva dieci casi ne conoscevano, personalmente, almeno venti. Quando si diceva venti erano più del doppio, quando si diceva cinquanta erano oltre duecento e via crescendo in modo esponenziale: non esiste miglior notiziario del passaparola tra chi è accomunato dallo stesso destino. Se si poteva dubitare di qualche esagerazione, era pur vero che, con il passare dei giorni, si stava raffinando la conoscenza dei sintomi e quindi si potevano, con esattezza se non scientifica però esperienziale, definire gli affetti dal male ignoto.

Il timore di essere in bilico su un burrone non impediva, tuttavia, che sorgessero forme di solidarietà spontanee che sarebbero state la vera cifra della pandemia e avrebbero risvegliato il senso di comunità. Da subito, ogni mattina, decine di volontari si presentavano al Comune o alla parrocchia per ricevere istruzioni: «Cosa c'è da fare? Chi possiamo aiutare?». Avute le consegne si diramavano lungo le strade. Una medicina qui, il pane là, il giornale per quei benedetti che ancora non ne possono fare a meno. Anche i libri, diventati bene primario nelle lunghe giornate di isolamento.

Al centralino del municipio, primo turno dalle 8 alle 10 del mattino, rispondeva il volontario Filippo, in sostituzione dei dipendenti rimasti a casa perché contagiati. Spiegava ai meno avvezzi il contenuto dei Dpcm (Decreti del presidente del Consiglio dei ministri) che si susseguivano a ritmi da catena di montaggio, indicava cosa si potesse fare e cosa no, dava ragguagli su dove trovare (forse) le introvabili mascherine, calmava gli arrabbiati e consolava i timorosi. Dietro il nome di battesimo si nascondeva un ragazzo di quarant'anni passato, nel 2011, dalle cronache sportive a quelle giudiziarie.

Filippo Carobbio era stato campione d'Italia con l'Atalanta Primavera, aveva conosciuto la Serie A con la Reggina, aveva dignitosamente calcato i campi della Serie B e C, ma la sua figura aveva raggiunto livelli di popolarità per l'inchiesta sul calcioscommesse denominata Last Bet, assieme ad altri si era venduto alcune partite quando giocava nell'Albinoleffe e nel Grosseto. Era stato arrestato, incarcerato per nove giorni. Era diventato un collaboratore di giustizia, un pentito, e aveva coinvolto il prestigioso allenatore della Juventus Antonio Conte. Carobbio che accusa Conte era Davide contro Golia e Filippo fu massacrato sui social da tifosi inviperiti. Aveva cercato di farsi dimenticare e dopo le squalifiche era ripartito dalla Serie D. Aveva anche fondato, assieme all'ex collega Mauro Minelli, la "Nembrese academy", una scuola calcio dedicata anche ai bambini disabili. Con un motto tra gli altri: "Non puoi vincere se prima non impari a perdere". Nel faticoso percorso di risalita verso la costruzione di una nuova reputazione, si era messo a disposizione, sostenendo non fosse perché sentiva di dover espiare qualcosa o perché doveva dimostrare al suo paese di non essere un delinquente. Forse non era l'espiare, ma il mostrare un'altra faccia di sé probabilmente sì. Lo spendersi per gli altri durante il Covid non sarebbe mai stato dimenticato, era l'aiuto benedetto al momento del massimo bisogno quando tutto era precluso, le banali attività bandite. Ad esempio i ragazzi, a cui erano state vietate le palestre e i campi da calcio, si erano organizzati per andare insieme a correre rispettando la distanza di un metro e mezzo. Di sera si radunavano sotto la luce dei lampioni per giocare a carte all'aperto, nel tentativo di ricreare un simulacro di normalità.

Marzo è il più crudele dei mesi

La mattina di domenica primo marzo il sindaco Claudio Cancelli ebbe la conferma di quanto in fondo già sapeva e che l'analisi del tampone aveva definitivamente sancito: era positivo. Si premurò di avvertire la madre perché non lo sapesse da altri e fosse rassicurata dalle sue parole. Quindi si rivolse ai suoi amministrati con una pubblica lettera rilanciata dai social.

La situazione dei casi a Nembro vede sempre qualche nuovo positivo, ma per ora non c'è una crescita esponenziale dei numeri, per fortuna. Ringrazio l'Agenzia di Tutela della Salute di Bergamo che ha immediatamente disposto sul territorio tutte le attività di tutela e prevenzione. Ats è in contatto con la mia giunta per definire le iniziative di prevenzione più opportune. Non siamo stati mai lasciati soli. Purtroppo devo informarvi che oggi mi è stata comunicata la mia positività al virus. Quindi anche io rientrerò nei numeri statistici ufficiali. Sto bene, ho avuto due giorni con qualche linea di febbre che da ieri non c'è più e sono in isolamento da giovedì mattina con i primi sintomi. È giusto che lo sappiate da me piuttosto che dagli organi di stampa. Sono sereno e sono attivo nel seguire le attività del Comune, anche se ovviamente nella mia camera di isolamento. Tutta la giunta, i consiglieri e i dipendenti comunali sono costantemente impegnati. Siamo una squadra forte, coesa e determinata. Quindi il vostro sindaco è qui e vuole guardare al nostro futuro di comunità con speranza. Il periodo è difficile, ma dobbiamo avere tutti fiducia nella nostra capacità di ripresa. Buona giornata.

Faticai a credere che Claudio fosse genuino nel giudizio sull'efficacia dell'Ats. Il suo ruolo istituzionale gli imponeva una postura rasserenante nei confronti dei paesani spaventati e la sua indole calma e riflessiva assecondava la necessità, quando magari avrebbe voluto urlare il suo disappunto perché nulla stava davvero funzionando e più il virus si diffondeva più metteva a nudo l'impreparazione totale ad affrontarlo, il dilettantismo, la superficialità. Elementi a cui faceva da contraltare l'abnegazione dei singoli, infermieri, barellieri, medici, che stavano cercando di arginare con il tappo della dedizione assoluta la diga che stava crollando. I media nazionali cercavano il sindaco infetto perché faceva audience e lui a ogni collegamento si incazzava, quando lo sentivo si sfogava: «Ma ti rendi conto, Gigi? Mi chiedono come sto, vogliono che racconti della mia salute quando qui il problema è completamente diverso. Che c'entro io? Gli chiedo di parlare piuttosto della situazione generale, cosa assai più utile, ma pare che non interessi a nessuno». Comprendevo l'esigenza di personalizzazione dei miei colleghi e nello stesso tempo non potevo dare torto al sindaco, convinto che fosse indispensabile lanciare un allarme più robusto a livello nazionale. Il paradosso, a inizio marzo, era che Nembro stava in ogni risvolto di cronaca senza mai assurgere a caso. Nembro era niente al cospetto dell'Italia intera, concentrata nel tentativo di comprendere cosa le sarebbe toccato e cosa avrebbe deciso il governo, se saremmo diventati la nuova Cina, se l'epidemia era ancora in una fase in cui si poteva bloccare, e se e quanto era letale, tra le baruffe di scienziati che litigavano a favore di telecamera.

Eppure Nembro aveva il sindaco infetto. Don Matteo, tornato dall'Alto Adige, aveva trovato tutti gli altri sacerdoti ammalati. Così come tutti, ma proprio tutti, i medici condotti erano stati messi in quarantena. La domenica non era domenica, non ne aveva nessuna parvenza, era un giorno uguale agli altri da trascorrere tappati in casa, con il cielo grigio e la pioggia battente che aggravava l'umore di chi sentiva precario il futuro. Vietati i sacramenti, vietati gli assembramenti, neanche il calcio in televisione, dato che il campionato era sospeso, mentre le martellanti edizioni dei notiziari monotematici si susseguivano l'una uguale all'altra, a ripetere con ossessione all'infinito quanto era già di pubblico dominio.

Mi risolsi al giro telefonico quotidiano di controllo parenti. Lina anzitutto. Stava bene, non aveva del resto mai mancato un giorno di lavoro e si era ripresa stando in piedi a smaltire i pazienti che si accalcavano nell'ambulatorio.

«Pronto mamma, come stai?»

«Cosa vuoi, è domenica e i tuoi fratelli non vengono come facevano di solito.»

«E tu sei triste?»

«Ma no. È giusto così, mi devono tutelare. Ho letto i giornali, ho fatto le parole crociate. Ora mangio, ho il frigorifero pieno.»

«E a Nembro come va?»

«C'è un po' di agitazione per sta roba qua. E mi dispiace perché siamo molto chiacchierati.»
(Come per papà, "chiacchierati" è per lei un disonore.)
«In che senso chiacchierati, mamma?»
«Si parla di noi e non va bene.»
Tocca a Carla.
«Lo sai cosa mi è successo ieri, zio?»
«No che non lo so.»
«Sono andata in un negozio del centro di Bergamo per comperare una crema.»
«Hai fatto bene.»
«Aspetta. Mi hanno domandato se volevo la tessera fedeltà, ho risposto di sì e mi hanno chiesto i miei dati. Quando ho detto "residente a Nembro" gli altri clienti hanno fatto un passo indietro, il negozio si è svuotato.»
«Ma dai!»
«Ti giuro. E non è tutto. Un mio amico è andato in Piemonte a fare un giro e lo hanno fermato i carabinieri. Lui gli ha dato la carta d'identità e il carabiniere ha cambiato tono. Gli ha detto: alzi il finestrino e non scenda dall'auto fino a quando non avremo finito i controlli. È pazzesco, ci trattano come appestati. Circola sui social una foto di Marte con la scritta: "C'era vita su Marte prima che arrivasse un turista di Nembro...".»
Flavio, che di professione installa e ripara impianti di birra alla spina nei locali.
«Ieri mattina sono andato nella Bassa Bergamasca dai miei clienti. Entro in un bar dove mi conoscono da vent'anni, sono da sempre il loro tecnico, e il titolare mi fa: "Ascolta Flavio, se non ricordo male sei di Nembro tu, giusto?". Gli ho risposto di sì. E lui: "Fammi un favore, è meglio se non vieni più in questo periodo". Mi sono guardato intorno, ho visto gli altri avvento-

ri, quelli con cui solitamente si scherzava e si facevano battute: erano muti. Un silenzio! Come per invitarmi ad andarmene...»

«Flavio, va così. I cinesi siamo noi adesso. È il nostro turno.»

Siamo untori. E per reazione rivendichiamo la nostra origine come non ci era mai passato per la mente prima. La controffensiva portò dei ragazzi a disegnare una t-shirt con la scritta: "Sono orgogliosamente di Nembro". Altri presero in prestito un inconfondibile quadro del pittore-musicista Gianni Bergamelli sovrastato dalle parole "Nember united". Io stesso, che continuavo a circolare su e giù per la Penisola, sentivo il desiderio, anche quando non richiesto, di dichiarare che ero di Nembro. Mi resi conto, in quella fase, che non esisteva un'Italia e nemmeno due, ma ce n'erano tante e sfaccettate a seconda dell'incidenza del virus. Più ci si allontanava dall'epicentro-Lombardia e meno ne era avvertita la pericolosità. E alla latitudine di Roma non c'era praticamente nulla che evocasse l'emergenza. Mi sentivo scisso. Ero contemporaneamente intriso, per osmosi telefonica, delle ansie della Valle Seriana e della noncuranza del resto del Paese. Mi chiesi come potessi rendermi utile per colmare quel gap percettivo. Non avevo altro strumento se non il mio lavoro. La sera di domenica primo marzo chiamai Alessandro Gilioli, vicedirettore dell'"Espresso", il settimanale su cui scrivo da vent'anni, per proporgli un pezzo.

«Alessandro, per il prossimo numero vorrei scrivere di Nembro. C'è qualcosa che non quadra. Dal 24 febbraio ci sono già stati dieci morti. I conti, anche degli infetti, non collimano con quelli divulgati. Su sta succedendo un disastro, Alessandro. Che dici?»

«Non lo so, Gigi. Abbiamo già il giornale strapieno di inchieste, commenti, interviste sul coronavirus. Ne parlo domani in riunione e ti faccio sapere.»

L'indomani, il primo lunedì di marzo, arrivò a Nembro la dottoressa Clara Bettini in sostituzione del quarantenato Massimo Pandini. Non una neolaureata ma quasi, con i suoi ventotto anni. All'Ats avevano una lunga lista di medici, ma ebbero una infinita sequela di rifiuti finché arrivò il suo turno. Si trattava di dire un sì o un no. Clara consultò la mamma, gli amici, si confrontò con lo stesso Pandini e capì che non l'avrebbe lasciata sola, benché costretto tra le mura domestiche. Si risolse per il sì, voleva onorare il giuramento di Ippocrate, anche se fare il medico di base non era fra i suoi sogni. La notte precedente la trascorse al Papa Giovanni, dove era di turno per una sostituzione. Poi passò da casa, a Bergamo Alta, giusto il tempo per cambiarsi d'abito. Accese il cellulare e si mise in macchina con un tempo da tregenda, tra vento e pioggia, verso la Valle Seriana. Non ricorda quante volte dovette fermarsi sul ciglio della strada per rispondere al telefono. Erano assistiti che denunciavano sintomi influenzali e chiedevano un certificato di malattia da presentare al lavoro. «Non riuscivo ad arrivare a destinazione, non facevo in tempo a riattaccare che il cellulare squillava di nuovo. Finalmente raggiunsi l'ambulatorio dove firmai almeno cento certificati e rincasai la sera stremata verso le 23.30. E per fortuna conoscevo il programma informatico per la gestione dei pazienti, altrimenti sarebbe stato ancora più complicato.» Si sfogò con Pandini: «Massimo, io impazzisco così, la situazione non è gestibile». E lui, per calmarla, con il notorio spirito dissacrante: «Clara, se non è gestibile chiameremo i militari».

Don Matteo, fresco di vacanza, annusò al rientro, fin da quando scese dalla macchina, che l'aria era cambiata, che il corpo di Nembro, se un paese può avere un corpo, inspirava ed espirava ansia. Le sirene delle ambulanze erano la colonna sonora ripetuta come un ritornello. Si informò sugli altri religiosi. Don Gianluca in ospedale, don Antonio a letto con la febbre, don Sergio aveva contratto il virus, don Andrea molto probabilmente pure, don Robertino della frazione Lonno in quarantena come don Arturo della frazione di Gavarno.

Don Gianluca Rota, alla sua rispettabile età di ottantasette anni, era appena tornato dall'Ecuador dove viveva stabilmente sei mesi all'anno. In tempo per prendersi la malattia. In piedi, a condurre da pastore di anime il gregge che stava per essere decimato, non restava che lui. Gli comunicarono che doveva occuparsi da subito di due funerali. Non si celebravano le messe ma i funerali sì, solo con i parenti stretti, formula piuttosto lasca: chi sono i parenti stretti? Convocò una riunione della redazione di "Nembro giovani" per obbligare i suoi ragazzi a mettere in moto alcune attività e perché non restassero sdraiati sul divano. Spuntò l'idea della messa online per la domenica, la parola della parrocchia, di un volto conosciuto, affinché i fedeli non si adagiassero su quelle trasmesse dalla televisione. Non gli pesava la responsabilità di reggere da solo il rapporto con il sacro dell'intera comunità, né era preoccupato per se stesso. Se la sua era una vocazione, il dovere lo chiamava al senso più alto di quella parola.

Come se non bastasse il quadro già fosco, quel giorno suonarono a morto le campane per Giulio Bonomi. Aveva novantadue anni e se n'era andato nella sua stanza del ricovero. Negli anni più fervidi della passione politica, Giulio era stato l'esempio di cosa significhi l'impegno. Io lo avevo soprannominato "Suslov" per la stretta somiglianza con Michail Andreevič Suslov, il severo depositario dell'ortodossia sovietica. Gli occhiali minuscoli, il corpo segaligno, il ciuffo di capelli che gli scendeva ribelle sulla fronte, l'impermeabile scuro con le mani in tasca erano il suo profilo perenne. Era un falegname autodidatta, mai sazio di conoscenza, e la sua parabola politica era emblematica di un'inquietudine esistenziale, alla ricerca del partito perfetto che lo potesse rappresentare. Era stato democristiano da giovane. Con Lucio Magri, il notaio Carlo Leidi e Giuseppe Chiarante, aveva traslocato negli anni Cinquanta nel Pci e quindi nel 1969 aderito alla scissione del "manifesto". Democrazia proletaria e Rifondazione comunista le altre sue declinazioni successive. Aveva nel cuore gli operai, assiduo nell'occupazione delle fabbriche dove si rischiava di perdere il posto di lavoro. Scomodo, ingombrante, retto. Inviso ai moderati e alle destre, però rispettato. Quando entrava nella sede del Pci, lui che era stato uno scissionista, veniva ricevuto con un misto di diffidenza e deferenza. Aveva sempre l'atteggiamento del bastian contrario, un padre severo più che un "compagno" fratello maggiore. Quella sua intransigenza, prima di tutto con se stesso, incuteva timore reverenziale. Penso di non averlo mai visto ridere, come se non si potesse ridere davanti alle ingiustizie del mondo che cercava di riparare. Le sue posizioni erano assolutamente minoritarie nel piccolo borgo della Valle Seriana, dove il dominio scudocrociato lasciava pochi seggi in consiglio comunale per i seguaci di Berlinguer e nulla più. Epperò quella super-minoranza niente affatto silenziosa godeva di una considerazione cavalleresca, della stima verso un avversario leale e preparato. Giulio sarebbe stato in battaglia letteralmente fino all'ultimo respiro. Gli scaffali della sua stanza al ricovero erano pieni di saggi che leggeva con l'avidità di chi sa di non sapere. Si era trascinato nel suo nuovo domicilio un archivio artigianale di ritagli di giornale vecchi di decenni sui temi più disparati, a cui gli studenti attingevano a piene mani per ricerche e tesi universitarie. Il mattino spingeva la carrozzella su cui era costretto verso l'angolo più luminoso del giardino per leggere "il manifesto". Alla cooperativa che gestisce il quotidiano comunista, l'ultimo rimasto, aveva giurato che avrebbe lasciato i suoi beni. Ha mantenuto la promessa, salvo che una parte l'ha destinata alla casa di riposo, grato per i cinque anni trascorsi là dentro. Con lui se ne andava una parte importante del panorama umano di Nembro. Molti altri l'avrebbero seguito.

Martedì 3. Carla.

«Come va?»

«Ciao, zio. Sto malissimo. Ho tossito tutta la notte senza riuscire a dormire. Mi sono alzata perché in piedi si attenua un po' e in giro per casa c'era pure papà che tossiva in un modo che mette paura.»

«Hai febbre?»

«Poca.»

«Gusto? Olfatto?»

«No. E anche la saturazione va bene.»
«È coronavirus secondo te?»
«Che altro? Zio...»
«Sì?»
«Moriremo tutti.»
«Dai, non scherzare, ti riprenderai.»
«So che vuoi venire a Nembro, ti scongiuro, non farlo. Senti? È un'ambulanza. Ormai è una sirena continua, giorno e notte. E ogni volta mi chiedo chi stanno andando a prendere.»
«Ma il dottore da cui lavori cosa ti ha detto di fare?»
«È stato carino. Di stare a casa. E poi tachipirina e sciroppo per la tosse. Non ce la faccio più.»
«Dai su, la saturazione va bene, quello è l'indicatore più importante.»
«Ma c'è gente che saturava bene e in poco tempo... Senti? Altra ambulanza.»
«Tu sei stata attenta in ambulatorio?»
«Sì, ma non si è mai attenti a sufficienza. E non ce la raccontano giusta. Non è una banale influenza. Circolano messaggi che se li leggi...»
«Del tipo?»
«Del tipo che gli ospedali sono allo stremo. Hanno fatto le lastre ad alcuni ricoverati e i polmoni sono completamente bianchi. I radiologi non hanno mai visto nulla di simile. Senti? Terza ambulanza.»
«Come come? I polmoni bianchi?»
«Adesso ti giro una foto. È pazzesco. Il virus li distrugge completamente nel giro di poche ore.»
«Chi ti dà le informazioni?»
«Anche se non si esce sappiamo sempre tutto perché la gente non ha niente da fare e posta, posta posta. Ecco, quarta ambulanza.»

«Mettiti dei tappi nelle orecchie, almeno ti eviti questo supplizio.»

«Le sentirei ugualmente, la casa è sullo stradone, passano qui vicino. Solo stamattina ho saputo di tre genitori di mie amiche che sono in fin di vita. Te l'ho detto, moriremo tutti.»

«Smettila. Sono sicuro che il tuo dottore ti seguirà per bene e saprà cosa fare.»

«Ecco, quinta ambulanza.»

«...»

«Non ne usciremo più. Ma cosa abbiamo fatto di male?»

«Non tirare in ballo storie di punizione divina o cose simili.»

«Però non è giusto. Sesta ambulanza...»

«Perché fanno suonare la sirena? Non c'è in giro nessuno, mica hanno bisogno di farsi largo nel traffico. Così aumentano solo il panico.»

«Infatti non ne avrebbero bisogno. Dovrebbero vietare la sirena. Uff! Settima ambulanza.»

(Sette ambulanze in un quarto d'ora.)

«Adesso cerca di riposarti.»

«Sì. Dimenticavo, un'ultima cosa. È morto l'Ilario, l'amico di nonna José e padre della mia amica Laura.»

Laura è Laura Lazzaroni, l'abbiamo già incontrata all'ospedale di Alzano al capezzale dello zio Mauro il 23 febbraio. Lo zio. Il papà. Lo stesso 23 febbraio Ilario era al pranzo annuale degli Artiglieri, di cui era presidente, seduto accanto al sindaco Cancelli. Tre giorni dopo i sintomi di una bronchite e una febbre che stazionava sui 37,5. Troppo poco, secondo i protocolli stabiliti, per un ricovero ci voleva la febbre a 38. Sabato 29 Laura lo chiamò dal negozio, il respiro era molto affannato. Allora ruppe gli indugi, protestò, ottenne che la Croce Rossa lo portasse in ospedale. «Uscì da solo e salì sull'ambulanza sulle sue gambe. Al pronto soccorso, dopo tre ore di attesa, una dottoressa volle ricevermi. Fu esplicita: "Le condizioni di suo padre sono molto gravi". Risposi: "Guardi che si sbaglia, mio padre è quello seduto qui fuori, tranquillo, con la tuta". Lei girò il monitor con l'immagine della Tac e commentò: «Polmoni bianchi, bruciati, mai visti così in tanti anni di carriera. Lo saluti prima che lo trasportiamo nel reparto Covid".»

Laura avvertì la sorella Maria Letizia, suora clarissa di clausura, che lasciò il monastero e si precipitò. Alla religiosa permisero di stare vicino al padre, bardata con tutte le protezioni. Gli avevano dato qualche ora di vita, parve reagire alle cure, passò la r.ottata, la domenica e il lunedì. Non vide l'alba del martedì e le sue ultime parole furono: «Lasciami andare». Laura in qualche modo invidiò la fede della sorella: «Lei mi ripete che la morte dobbiamo accettarla, che Gesù sulla Croce piange con noi, che le nostre sofferenze sono le sue, che la vita comprende anche il male e il dolore, che Dio è onnipotente nell'amore e non nei miracoli come si tende a credere. Per me non è così facile...». Laura continua a sentire la presenza di Ilario nel negozio di abbigliamento femminile Attimo, le sembra di vederlo con il basco da artigliere che si sistemava di sbieco sulla testa come da usanza militare. Fino all'ultimo l'aveva aiutata a gestire l'attività, lui che era stato il primo a importare la moda cittadina nella Nembro degli anni Sessanta-Settanta, e non eri al passo con i tempi se non eri stato al Vulcano, il nome che aveva dato al suo negozio.

Verso la sera di quel martedì si illuminò il display del mio cellulare con il nome di Alessandro Gilioli, "l'Espresso".

«Gigi, scusa, non ti abbiamo più fatto sapere niente. Ci abbiamo ripensato e abbiamo trovato lo spazio. Siamo ancora in tempo per quell'articolo che hai proposto su Nembro? Ce la fai a scriverlo entro domani?»

«Certo che sì. A patto però che tu tenga aperte le pagine fino all'ultimo per eventuali aggiunte, perché il governo sta decidendo se decretare la zona rossa e, nel caso, non possiamo non registrare la novità.»

«Sta bene, due pagine, ottomila battute.»

Il titolo che fecero in redazione fu: *Un mistero chiamato Nembro*. Alludeva alla distonia tra i numeri ufficiali di vittime e contagiati e la realtà. E anche alla sottovalutazione di quanto stava avvenendo, alle mancate decisioni forti che si attendevano invano. Non ci fu bisogno di aggiornare l'articolo, la zona rossa che era data per scontata non si fece mai.

Il primo a ipotizzarla il 3 marzo fu Giovanni Rezza, direttore del Dipartimento di malattie infettive, parassitarie e immunomediate dell'Istituto Superiore di Sanità. Gli esperti la raccomandavano, si era sempre in procinto di, sul tavolo del presidente del Consiglio Giuseppe Conte arrivarono almeno due note in cui si caldeggiava la sua istituzione.

I nembresi se la aspettavano e anzi, più che temerla, la invocavano, per loro non sarebbe cambiato nulla, «del resto», come constatò il sindaco Cancelli, «viviamo già come se fossimo in zona rossa». Sembrava fatta il 5 marzo quando i militari del terzo battaglione Lombardia dell'Arma dei carabinieri e i loro colleghi di Veneto, Piemonte e Toscana presero alloggio all'hotel

Continental di Osio Sotto, a una ventina di chilometri di distanza, in attesa dell'ordine di stendere un cordone sanitario attorno a Nembro e Alzano. Nel pomeriggio ricevettero l'avviso di "pronto impiego" che fu annullato verso sera. Salvo la raccomandazione di restare in zona in attesa di nuove comunicazioni. Furono raggiunti da altri colleghi in divisa, centodieci carabinieri, centoventi poliziotti, cinquanta finanzieri e novanta soldati dell'esercito, sistemati in altri due alberghi. Un andirivieni di camionette e mezzi blindati sulle strade della Bergamasca che non poteva passare inosservato e che provocava una sorta di eccitazione accompagnata da qualche fake news sull'onda di un'euforia montante da *Apocalypse Now*. Qualcuno, e davvero non ricordo chi, mi giurò che l'esercito si era accampato al parco di Montecchio di Alzano Lombardo, un polmone verde non distante dall'ospedale, all'interno del quale sorge la villa edificata a fine Ottocento dall'ingegner Carlo Pesenti, ora sede della biblioteca pubblica e dell'auditorium. Esagerazioni che descrivono il clima. Il governo optò per la zona arancio in tutta la Lombardia e tredici province limitrofe, salvo passare in fretta alla zona rossa generalizzata.

La mancata zona rossa a Nembro e Alzano accese le polemiche sulle pressioni esercitate dagli imprenditori della zona che volevano tenere aperte le attività. Come se fosse in atto un derby profitto contro salute. E non mancarono opinionisti che puntarono il dito contro una cultura del fare a tutti i costi, ottusamente non abbandonata nemmeno davanti alla pandemia. Nembro e Alzano significa 376 aziende, 3700 dipendenti e 680 milioni di fatturato l'anno, fabbriche d'eccellenza come Cartiere Pigna, Polini Motori, Persico Group. Giorgio Gori ammise che una parte di verità c'era: «Abbiamo una cultura del lavoro così radicata da essere diventata, da punto di forza, una fragilità, perché ci ha reso difficile capire che dovevamo fermarci». La croce fu gettata addosso soprattutto a Pierino Persico, titolare dell'omonimo marchio che produce lo scafo di Luna Rossa. Voce di popolo voleva che dovesse consegnare proprio in quei giorni la barca per la Coppa America in Nuova Zelanda e che dunque si fosse mosso per difendere i suoi interessi. Circostanza che fu smentita con forza: Luna Rossa sarebbe dovuta partire per l'emisfero australe ad agosto. Gori parlò con Pierino: «Era disperato ma lo capivo benissimo, i suoi competitor nel resto del mondo continuavano a lavorare a pieno regime e lui doveva chiudere, vedere magari andare in fumo cinquant'anni di fatica. Cercai di rassicurarlo con l'argomento che fermarsi subito voleva dire ripartire prima».

Pierino Persico è la sintesi, come gli piace scherzare, di una famosa canzone in dialetto bergamasco il cui ritornello, sulle note di *Let It Be* dei Beatles, suona: "I dis che l'è de Nember ma l'è de 'Lbi", cioè dicono sia di Nembro ma è di Albino. E in effetti di Albino è originario, trasferitosi a Nembro nel 1980 quando rilevò una cartiera in disuso che era stata dei Pesenti. Era "una topaia", ora sono 40.000 metri quadri dove faticano 550 dipendenti. Il gruppo possiede anche stabilimenti a Detroit, nei pressi di Monaco di Baviera e di Stoccarda, 170 milioni di fatturato annuo complessivo. Una storia di successo. Pierino fu tra i tanti che non realizzarono subito la gravità della situazione, anche perché non fu messo nelle condizioni: «Ho un documento dell'Ats firmato Giupponi dove viene specificato che solo la stampa sostiene che c'è un'epidemia». E le mie reminiscenze mi rimandarono a tanti anni prima, al settembre del 1991, quando l'allora ministro degli Esteri Gianni De Michelis in visita a Zara ebbe l'ardire di sostenere che «la guerra in Jugoslavia non esiste, è un'invenzione dei media»: già ribollivano i fronti in Dalmazia, Banja, Slavonia, e Vukovar era assediata. I giornalisti spesso sono un facile capro espiatorio.

Pierino si informava dai suoi impiegati delle risorse umane sul numero di dipendenti a casa con l'influenza che non era variato rispetto ai dodici mesi precedenti. Si scervellò per trovare un compromesso possibile. Lo trovò. Siccome l'abitato di Nembro si sviluppa sulla sponda destra del fiume Serio e le industrie stanno sulla sponda sinistra, poteva rimanere aperto un corridoio di scorrimento delle merci. Ma dovette arrendersi. Constatò che l'inerzia stava procedendo verso l'ipotesi del blocco totale, e si preparò, era venerdì 6 marzo, all'ineluttabile. Prenotò stanze all'albergo Piajo per i trasfertisti italiani e stranieri che rischiavano di restare senza un letto dove dormire. Passò con la figlia Alessandra nei vari reparti dell'azienda a raccomandare di portare i computer a casa e predisporsi al lavoro domestico: «Mi veniva da piangere. Erano le stesse scene che avevamo visto in televisione all'epoca del fallimento della Lehman Brothers». Si ritirò nella sua casa di Albino: non sarebbe rientrato in fabbrica per oltre due mesi: «Mi avrebbe fatto troppo male vederla vuota». Si dedicò alle passeggiate in montagna, curò l'orto, macinò il granoturco per ottenere la farina gialla per la polenta. Masticò amarezza per gli attacchi mediatici che piovevano da ogni dove. Persico era colui che aveva tramato contro la zona rossa quando semplicemente, sostiene lui, aveva cercato di capire come comportarsi, e senza esercitare alcuna pressione. Fu ripagato dalla solidarietà che gli arrivò dai suoi dipendenti, nessuno escluso.

Lo stesso Giorgio Gori che consolava il Pierino Persico, rilasciava interviste che infondevano fiducia e non voleva arrendersi all'evidenza di un cataclisma incombente, la sera del 5 marzo alle 22.27 ricevette una email destinata a minare i suoi convincimenti e a dargli l'esatta percezione del disastro. A scrivere era una dirigente sanitaria della cabina di regia della Regione Lombardia, aveva avuto il suo indirizzo di posta privato da un comune amico. "Signor sindaco, noi non ci conosciamo e forse lei non si rende conto della situazione. Abbiamo un indice R0 a 2, il 45 per cento dei casi è sintomatico, il 10 per cento necessita di terapia intensiva. Di questo passo in pochi giorni andremo sott'acqua".

La consapevolezza andava di pari passo con una realtà non più contraffatta dalla convenienza. I segnali negativi eccedevano, e di molto, i positivi a cui disperatamente ci si era aggrappati come naufraghi, fingendo anche con se stessi. Era arrivato il tempo di avere il coraggio dell'impopolarità, di dismettere gli abiti del medico pietoso che fa la piaga purulenta, per indossare quelli del medico cinico che svela una verità. I pronto soccorso erano presi d'assalto ormai, i reparti Covid ingrossavano e non erano mai sufficienti. A Nembro venti decessi in cinque giorni contro una media di dodici al mese. Si avvicinava un weekend che avrebbe sepolto sotto una pietra tombale l'idea che presto la vita sarebbe tornata a scorrere come prima del 23 febbraio. C'erano volute due settimane. Per due settimane fummo, salvo eccezioni, dei signori Tentenna, mentre il virus correva felice di bocca in bocca, di naso in naso, sfruttando le nostre indecisioni, i parapiglia degli esperti, la faciloneria dei "so tutto io". Sarebbe esagerato pretendere dai semplici cittadini una competenza settoriale che non possiedono. E tuttavia, se il sapere è verticale, non è lesa maestà chiedere a chi per anni ha chinato la schiena sui libri e nei laboratori per studiare la materia, come mai non si è alzato un coro unanime per lanciare un allarme univoco, forte, chiaro. Due settimane nelle quali io avevo ricevuto due ammonimenti. Da Marina, la ricercatrice del Negri: "Lo faremo tutti il virus". Da mia nipote Carla: "Moriremo tutti". Non tutti l'avremmo fatto. Non tutti saremmo morti. Ma tutti saremmo stati toccati. Non c'è nessuno a Nembro che non abbia avuto un parente o un amico a cui ha dovuto dire addio.

Controllo mamma di giovedì 5.

«Come stai?»

«Io bene, ma qui ieri sera è arrivata l'ambulanza.» (Qui è il cortile del civico 15 di via Ronchetti dove abita da sempre.)

«Per chi?»

«Il Firlo.»

«Cosa ha avuto?»

«Non lo so. Ho sentito solo un gran trambusto, mi sono affacciata alla finestra e ho visto che lo portavano via.»

«Oh Cristo, e ti sei spaventata?»

«Se circola nel cortile è proprio vicino, il virus.»

«Ma tu non sei uscita, vero?»

«No, tranquillo.»

"Firlo" è il soprannome di famiglia di Fabrizio Persico, settantadue anni, ex funzionario della Farnesina con missioni in Venezuela, Cina, Guinea, dove aveva contratto la malaria. Una sua cugina, siccome non rispondeva al telefono, aveva allertato verso le 21, abbondantemente fuori orario, la dottoressa Clara Bettini. La giovane medico, al terzo giorno della sua supplenza a Nembro, non esitò. Prese l'automobile, si inoltrò nelle strettoie del centro, trovò la casa, sebbene a fatica. Si fece aiutare dai vicini, che le indicarono l'appartamento al ballatoio del secondo piano. Bussò. Silenzio. Ribussò più volte. Finché la porta lentamente si aprì, come nella suspense di un film. Tanto c'era voluto a Fabrizio per percorrere pochi metri, e la sua mano che faticava a girare la maniglia era il segno della sua debolezza. Si trovò davanti una ragazza. Una ragazza? Un angelo. Non c'era tempo da perdere. Clara si mise in contatto con la Croce Rossa, aspettò che arrivasse, e gli augurò il meglio. Lui le rispose con un sorriso. Lo portarono al Papa Giovanni. Nel cortile del civico 15 pregarono per lui che, al contrario di quanto aveva fatto nei posti dimenticati del pianeta dove si era prodigato per gli altri, lottava per se stesso nel reparto di urologia diventato pneumologia dell'ospedale di Bergamo.

Quanto a me, oltre al dolore per un amico in condizioni gravi, dovevo constatare che il virus era arrivato a ridosso del portone di mamma. Mancava solo un passo. Il fortino andava rafforzato.

Sabato 7 marzo, in anticipo sull'aurora, l'epilogo della tragedia dei tre fratelli Lazzaroni. Dopo Mauro il 23 febbraio, dopo Ilario il 3 marzo, salutò questo mondo

Mirella. Laura Lazzaroni, la figlia di Ilario, l'aveva incrociata per l'ultima volta al funerale di Mauro: «Dopo le esequie ci radunammo a casa sua». L'appartamento è tra via Ronchetti e via Bilabini, nei condomini rossi, oggi un pugno in un occhio, incastrati come sono nel vecchio abitato medievale e inutilmente giganteschi, ma nel 1972, quando li costruirono, osannati come un segno di modernità, al punto che i più agiati fecero a gara per accaparrarsi un trilocale. I tre figli di Mirella, Osvaldo, Elena e Teresa, furono costretti a isolarsi nella casa della genitrice per la quarantena. Precauzione inutile, si erano già contagiati. Osvaldo manifestò i sintomi più preoccupanti, saturazione attorno a 80 e nessun medico che arrivasse a fornire almeno consigli: «La dottoressa straniera, che era una sostituta, aveva ricevuto l'ordine di non andare dai pazienti». Un'amica infermiera lo mise in guardia: «Comunque è meglio che non ti ricoveri». Lui non riusciva ad alzarsi dal letto e per andare in bagno doveva fare appello alla forza di volontà. Da disteso, il solo spostare un piede gli provocava un dolore insostenibile. Anche guardare la TV lo stancava. Doveva assolutamente procurarsi delle bombole d'ossigeno, introvabili in un raggio di parecchi chilometri. Le sorelle furono le sue vestali, reperirono il necessario per curarlo, trovando anche chi poteva recapitare le bombole, dato che non potevano uscire.

Elaborarono insieme il lutto e fu una consolazione. Ricapitolarono, per farsi forza, le tappe salienti del percorso terreno della madre, emblematico di un'era ormai lontana. Mirella, da ragazza, era stata assunta nella sartoria vicino alla chiesa di San Sebastiano da Luigi Prestini, colui che sarebbe diventato ben presto suo marito. Suo padre la diseredò, perché convinto che fosse incinta e volesse ricorrere a un matrimonio riparatore. Come molti di quella generazione, Prestini aveva un'idea del rapporto coniugale decisamente maschilista. Era un damerino di Nembro, con una vita noiosamente abitudinaria. Lavorava solo al mattino, trascorreva il pomeriggio al bar a giocare a carte e a tentare la fortuna con la schedina. Per cinquant'anni Mirella stette come fosse al suo completo servizio. Unica trasgressione dall'essergli devota, la beneficenza come dama della San Vincenzo. Era, nel giudizio di Osvaldo, «religiosa ma non bigotta». I figli una volta la provocarono: «Tu vai ogni giorno a messa ma non inviti mai nessun bisognoso per il pranzo di Natale. Chissà quanti sono quelli che lo passano da soli». La prese come una sfida e non ci fu 25 dicembre senza un posto aggiunto a tavola, si trattasse di un alcolista, un disoccupato, un ex carcerato. Il marito morì nel 2004 e «mamma esplose, rifiorì, cominciò a organizzare viaggi. Era curiosa del mondo, aveva sempre represso la sua natura. Voleva riappropriarsi di un'identità troppo a lungo soffocata». Averla vista alfine così realizzata era motivo di consolazione: «Non che fossimo felici del trapasso, ma ci rasserenava il fatto che avesse potuto godersela, fosse sempre stata in salute fino ai suoi ultimi giorni. E, essendo fatalisti, ringraziavamo comunque il cielo di avercela data. Ci riteniamo per questo fortunati».

Come la Mirella, ma in ambito completamente diverso dal volontariato, scomparve lo stesso sabato un altro personaggio che aveva segnato una svolta nella storia picciola del paese. Silvio Adobati era stato un gregario di Fausto Coppi all'epoca pionieristica del ciclismo e come il suo capitano aveva chiamato il figlio, mio coetaneo. Se il ricordo dei suoi successi scolorava nella leggenda, la sua figura fu centrale tra gli anni Sessanta e Settanta quando i nembresi, in precedenza troppo occupati dalla ricostruzione post-bellica e troppo devoti alla Madonna dello Zuccarello per votarsi alla trasgressione, scoprirono che il settimo giorno, e magari la sera del sesto, ci si poteva riposare. In via Roma, accanto alla strada provinciale che corre verso Bergamo, Silvio aveva aperto il Dancing Europa, un parallelepipedo basso, lungo e colorato, con moquette al suolo (allora era à la page), comodi divani, la pista da ballo. Lui e la moglie, la Marisa, erano i lungimiranti anfitrioni che avevano introdotto Nembro nel circuito dei tour dei complessi più in voga all'epoca in cui si portavano i pantaloni a zampa d'elefante, le giacche dai colori sgargianti, i capelli lunghi, e impersava la cultura beat. I manifesti pubblicitari annunciavano ad esempio l'arrivo – meraviglia! – dei Camaleonti. Noi ragazzi non ci potevamo credere. Fin dalla domenica mattina ci appostavamo come sentinelle lungo l'unica via d'accesso per avvistare il furgone dei musicisti, solitamente colorato, e correre fino al parcheggio per vedere da vicino gli strumenti, la chitarra elettrica, la batteria, la tastiera. E strappare un autografo su un foglietto di carta. Fotografati visivamente abbigliamento e capigliatura, avremmo poi cercato l'imitazione dei nostri beniamini nella scelta degli abiti e dal parrucchiere. Quando scomparivano dentro la sala vietata ai minori per le prove dello spettacolo pomeridiano, fingevamo una ritirata in buon ordine. Ma poi tornavamo per sbirciare il pubblico che arrivava in automobili che ci sembravano lussuosissime, invidiavamo i signori per le belle accompagnatrici e avevamo i primi turbamenti alla vista delle loro minigonne. All'inizio del concerto ci inerpicavamo sulle finestre, per fortuna non troppo alte rispetto al suolo, per riuscire a scorgere una scena, un dettaglio, cercare di ascoltare il frammento di una canzone. L'amicizia con Fausto Adobati era il lasciapassare per entrare nel locale quando era vuoto, toccare gli oggetti che avevano toccato i nostri idoli, e Fausto era prodigo di aneddoti sulle frasi che questo o quel cantante aveva pronunciato, su cosa aveva ordinato da bere, sulla ragazza che aveva abbordato. Ci muovevano come in un tempio dall'aura sacrale.

Per noi il Dancing Europa era esotico come l'Africa. Un'Africa a casa nostra. E aveva una valenza ancora superiore alla sua facoltà di eccitare l'immaginario. Era il riscatto rispetto ai due paesi confinanti, Alzano a sud, Albino a nord, nell'eterno conflitto campanilistico tra simili. A Nembro era stato chiuso l'unico cinema, il Modernissimo, non c'era un locale decente, la squadra di calcio vivacchiava in seconda categoria. Albino aveva uno stadio con le tribune, due sale cinematografiche di foggia metropolitana, diverse discoteche sparse nelle sue frazioni. Alzano, oltre all'ospedale, poteva vantare pure due cinema, la caserma dei carabinieri, i campi da tennis, le opere del Fantoni nelle chiese. Pure nel numero di abitanti arrivavamo terzi in quella competizione. Però avevamo il Dancing Europa.

Silvio Adobati forse non si rese mai conto dell'importanza per noi di quel locale, che eccedeva la sua stessa funzione. Giudicammo perciò quasi un tradimento la scelta di chiudere la sala da ballo e trasferirsi a Seriate per fondare il XX Secolo, una megadiscoteca per migliaia di avventori, punto di riferimento dell'intero Nord Italia, icona della gioventù negli anni Novanta e oggi parcheggio auto per i viaggiatori dell'aeroporto di Orio al Serio. Non si dimenticò però delle sue origini, visto che assunse molti suoi ex compaesani. Tramontata l'epoca dei grandi assembramenti di massa, si ritirò a godersi la pensione. Perse la moglie, si ammalò e, in tempo di Covid, a ottantotto anni, se ne andò per raggiungere la Marisa nel camposanto di Nembro. Seppi che Fausto, il figlio, pure ha lottato contro il virus e per fortuna ce l'ha fatta.

"Ogni giorno porta la sua croce" è una parafrasi del Vangelo secondo Luca: "Se qualcuno vuol venire dietro a me, rinneghi se stesso, prenda ogni giorno la sua croce e mi segua". Nella sua volgarizzazione esprime il concetto che il nostro passaggio terreno è segnato dalla sofferenza. In una Nembro che, come l'intero Occidente, si è andata secolarizzando, resiste una inestirpabile radice cattolica: quando non è fede, è riflesso ancestrale, cultura seminata. Domenica 8 marzo Nembro dovette portare undici croci. I rintocchi delle campane che annunciano un decesso erano stati aboliti per non aggiungere disperazione a una disperazione già satura. Ma nel paese ultraconnesso ogni notizia circolava e raggiungeva anche i più isolati. In una comunità dove ci si conosce tutti almeno di vista, ogni volta una coltellata.

Cristina Marcassoli era una colonna portante nel borgo data la sua funzione, impiegata dell'anagrafe da quarantadue anni. Aveva sempre il suggerimento giusto su come dribblare, restando nei termini di legge, la burocrazia quando era un assurdo e un inutile ostacolo. Conosceva le pieghe dei regolamenti e non permetteva che nessuno uscisse dal suo ufficio senza la soddisfazione di una pratica risolta, un documento recuperato. E non mancava, terminato il suo compito, di lasciare spazio alla curiosità: «Cosa stai facendo di bello?», «Come ti vanno le cose?», «E i tuoi familiari?», con quella consuetudine propria dei paesi che quando non è pettegolezzo, come in questo caso, è condivisione, vicinanza, calore. La memoria storica di Nembro, se sapeva collegare in un attimo persone e cose in modo infallibile. Nessuno l'ha mai trovata, anche solo una volta, stanca, scocciata, indisponibile. Avrebbe compiuto sessant'anni nel 2020 e, avendo cominciato a faticare da ragazzina, il compleanno sarebbe coinciso con la pensione. Erano già in atto i preparativi della festa. Forse non l'avrebbe presa come tale, forse non aveva nessuna voglia di mettersi a riposo. Giovedì 5 marzo salutò i colleghi che avrebbe rivisto solo il lunedì successivo, il venerdì si era presa una vacanza perché sarebbe dovuta essere reperibile il sabato. Un gesto di generosità verso gli altri dell'ufficio, che potevano così passare il weekend in famiglia. Tanto lei non aveva figli. Scherzò con Ivan, l'impiegato che le stava dirimpetto e che sarebbe dovuto partire per Valencia, gara di ritorno dell'ottavo di Champions League dell'Atalanta. Posò gli occhiali accanto al computer, innaffiò gli anturium e le orchidee della scrivania. L'indomani i primi sintomi. Quando arrivò l'ambulanza protestò: «Ma come? Mi portate in ospedale?». «Sì, è meglio.» «Sappiate che dopo la visita mi dovete riportare a casa, sabato devo lavorare e non voglio rovinare i piani degli altri impiegati.» La domenica non c'era più. In tre giorni si era bruciata la sua candela ancora colma di energia.

Per contrappasso, la piazza principale di Nembro è intitolata alla Libertà ed è dominata da due edifici di evidente architettura fascista. Uno è sede del municipio, già casa del fascio, l'altro, prospiciente, è l'auditorium Modernissimo, già casa della gioventù italiana del Littorio. Se Cristina Marcassoli era la regina del Comune, Sandro Barcella, scomparso nelle stesse ore, era il signore incontrastato del Modernissimo.

Rosso di barba e di capelli, un pel di carota imbiancato con l'avanzare degli anni, burbero e collerico, ma sotto sotto d'animo generoso. Il suo regno era la consolle che sovrasta la galleria, da dove maneggiava luci, colori, filmati e il suono per ottenere l'acustica migliore. L'acustica era la sua cifra, era stato titolare di un'impresa di impianti elettrici e fornitura di apparecchiature elettroniche, dismessa per problemi di salute. Il tempo liberato dalle incombenze professionali lo aveva messo a disposizione della comunità. Non c'era evento di cui non fosse protagonista. Un perfezionista. Ore e ore passate fra la teoria lunga dodici metri di computer, tastiere, telecamere chissà come interconnessi da cavi che si intrecciavano in una matassa che solo lui era in grado di districare. Non pretese mai alcun compenso in denaro, si limitava a divorare gratis la scorta di ghiaccioli del frigorifero nel bar del Modernissimo, l'unica sua mercede. "Un sacramento di uno", detto alla bergamasca, e così si definisce chi sia ingombrante, sgarbato, ruvido ai limiti dell'offesa con chiunque. Anche irrispettoso verso i collaboratori, perennemente redarguiti. Lo si perdonava per gli stupefacenti risultati ottenuti se l'auditorium, sotto il suo protettorato, era diventato il punto di riferimento per l'eccellenza tecnologica dell'intera Valle Seriana. E perché quella spinosa barriera protettiva nascondeva un cuore d'oro. Quando il figlio, Francesco, gli faceva notare il tono di voce troppo alto, si difendeva chiamando in causa la natura: «Non è colpa mia se ho una voce da baritono».

Fu la moglie Cinzia a rompere gli indugi dopo che le decine di chiamate al 118 erano cadute nel vuoto perché le ambulanze erano occupate. Lo caricò in auto e non si diresse verso l'ospedale di Alzano, il più vicino ma ormai il più problematico, puntò verso l'Alta Valle, la casa di cura di Piario, immersa in una secolare pineta. Lungo il tragitto scorsero dalla provinciale, sopra la collina, il santuario di San Patrizio, dove si erano sposati. Lui lo indicò con un dito senza profferir parola. Lo tennero quindici ore in attesa al pronto soccorso e Sandro si spazientì, invitò Cinzia ad andarsene: «Cosa stai qui a fare? Vai a casa che è tardi». La salutò con un cenno della mano a significare: "Tanto ci vediamo domani". Non ci sarebbe stato un domani. In molti gli telefonarono per accertarsi delle sue condizioni. Ad Antonio Noris, presidente della cooperativa Gherim (in aramaico significa "straniero") che gestisce il Modernissimo, sembrò l'uomo di sempre: «Era arrabbiatissimo perché nella sua stanza nessuno poteva entrare e lui non poteva uscire». Anche nei messaggi WhatsApp rimaneva fedele alla sua indole polemica e irruenta. Finché smise di rispondere.

Il figlio Francesco temette di essere stato la causa inconsapevole della malattia: «La domenica di Carnevale portai i miei figli dai nonni. Non saprò mai se lo prese lì. Così come non saprò mai se sarebbe stato meglio non portarlo in ospedale. Ero preparato all'idea che mio padre morisse, la sua salute era già piuttosto compromessa, però non si è mai preparati all'assenza che viene dopo. Non punto i piedi, non voglio accusare nessuno. Nel marasma mi pare che tutti abbiano cercato di fare il meglio, secondo quanto era dato sapere. E non riesco nemmeno a dire "poveri noi". Sono cosciente del fatto che ogni giorno nel mondo muoiono migliaia di persone e noi restiamo tra i privilegiati di questo pianeta. Ce ne si fa una ragione e si va avanti».

Anche i più testardi, gli oltranzisti dell'"andrà tutto bene", dovettero arrendersi. Non stava andando affatto tutto bene e ciascuno, a seconda dell'indole, si formò le sue convinzioni sul perché. Gli storici locali ripescarono croniche antiche e stabilirono un parallelo con la peste del Manzoni del 1630, quando la popolazione fu decimata da 2700 a 744 abitanti. Nembro, con Alzano, il paese dove il batterio infuriò con più virulenza. Per la credenza di allora era il castigo di Dio, "il cui giusto furore mosso dalla pertinacia de' peccati nostri, ci percuote con horrendo flagello", come scrisse Lorenzo Ghirardelli, responsabile dell'ufficio sanità della provincia. Non fu risparmiato il clero, arciprete compreso: il Signore doveva avercela dunque specialmente con i suoi rappresentanti terreni. Il sistema sanitario dell'epoca scontò gravi lacune se veniva denunciata la carenza di dottori, sostituiti da barbieri assimilati ai chirurghi per la perizia nell'uso del rasoio, utile a incidere i bubboni. Si era in epoca pre-moderna e i rimedi, spesso suggeriti da contadini guariti che sfruttavano l'insperato prestigio, si avvicinavano alla stregoneria. Spugne impregnate di acquaragia e aceto con maggiorana o rose; applicazione sulle carni di rospi, anguille, anatre; pietre miracolose da stringere nella mano sinistra come topazio e diamante; aromi da cucina. I cadaveri furono ricoperti di calce viva e ammassati in un campo accanto alla chiesa principale. Il ricordo della carneficina non fu mai cancellato e nel 1740 si riesumarono le ossa dei defunti, furono messe in un sepolcro e portate in processione dentro l'edificio sacro. I riti durarono tre giorni, un *Solemne Triduum*, o Triduo dei morti, che si ripete ancora oggi.

Il precedente stimolò ipotesi astruse per cui sarebbe stata l'aria, il microclima della Bassa Valle Seriana, a favorire la circolazione del virus e il ripetersi ciclico delle epidemie. Presupposto dal quale si diramavano conclusioni contraddittorie. Colpa delle fabbriche e delle emissioni di gas nocivi: ma nel 1630 non c'era ancora stata la rivoluzione industriale e verrebbe meno l'effetto catena. Colpa delle troppe automobili e del traffico congestionato, dunque dell'inquinamento: nel 1630 si andava a cavallo. Il dottor Pandini se la cavò con una facezia: «Succede perché per virus e batteri siamo un paese affascinante come ai tempi della peste».

I più laici puntarono l'attenzione su una coincidenza. A metà dicembre era stato aperto, in un moderno palazzo che sorge dove ci fu il Dancing Europa, uno sterminato negozio della catena cinese Hao-Mai, la cui casa madre si trova a Wuhan. C'era stata un'inaugurazione in pompa magna e aveva da subito attirato una numerosa clientela per la varietà dei prodotti a basso costo: casalinghi, articoli da regalo, articoli per la casa e per l'igiene personale, detersivi, abbigliamento, calzature, borse, bigiotteria, trucchi, profumeria, gadget, cartoleria, elettronica, giocattoli, ferramenta, prodotti per il giardinaggio. Insomma un bazar in un unico spazio. "Le commesse e i commessi li avranno mandati proprio da Wuhan?" era l'interrogativo senza risposta. E nessuno ha mai osato chiedere, per via delle difficoltà di comunicazione e della mancanza di osmosi con la comunità cinese. Sta di fatto che di Hao-Mai ne sono stati inaugurati a bizzeffe dovunque, senza che questo abbia dilatato il numero dei contagi.

Sullo sfondo resisteva il timore del castigo divino, agevolato da un detto diffuso e poco lusinghiero: "Nember lonc e pecadur chi i è mia lader i è saltadur". Traduzione: Nembro lungo e peccatore, chi non è ladro è assaltatore. Ridevamo, ovviamente, di quel ritratto così fosco con cui ci si voleva definire e che arrivava dai tempi dei tempi, quando la parola ladri era appioppata, ad esempio, anche ai gabellieri. Ancora oggi il palazzo secentesco dove avevano sede, ristrutturato e diventato un centro commerciale, è rimasto nella toponomastica popolare "Palas di lader".

In ogni caso, siccome non costa nulla provare anche con Dio, non si sa mai, nonostante il confinamento rigido deciso da Palazzo Chigi non erano pochi coloro che salivano a piedi il monte dello Zuccarello per raggiungere il santuario della Beata Vergine Addolorata e chiedere una grazia. Rischi di essere multati per essersi allontanati dalle mura domestiche quasi nulli, il sentiero nel bosco occulta alla vista.

Leggevo attonito, da lontano, l'affastellarsi di congetture. Mi serviva una bussola per orientarmi nel caos e trovare qualche solido appiglio. Nessuno dei "perché" circolanti era evidentemente soddisfacente.

Così chiamai Marina.

«Cosa sta succedendo?»

«Succede che siamo vecchi, Gigi.»

«Cosa intendi?»

«Che la popolazione di Nembro è anziana. Si ammalano persone che hanno due, tre patologie, e il virus agisce su corpi già debilitati.»

«Tutto l'Occidente è anziano.»

«Ma non dappertutto il virus circola come qui. E inoltre non eravamo preparati, manca qualunque cosa. Io comunque mi sono costruita un modellino matematico per seguire l'andamento dell'epidemia, una cosa artigianale eh.»

«E come funziona?»

«Schedo ogni giorno i casi di Nembro, di Bergamo, della provincia per vedere l'andamento della curva e cercare di capire quando arriveremo al plateau.»

«So cosa significa plateau, ma in questo caso?»

«Nel momento in cui il diagramma ha un andamento parallelo all'asse delle ascisse siamo sul plateau. I numeri non crescono più e cominciamo a respirare. Dopo il plateau dovrebbero scendere.»

«E cosa ti dice il modellino a oggi?»

«Un disastro, Gigi. La curva è in ascesa verticale. Nembro il 29 febbraio aveva 25 casi, Bergamo 5, la provincia intera 110. Oggi, 9 marzo, Nembro 107, Bergamo 162, la provincia 1245.»

«Però sei stata proprio tu a dirmi che i dati ufficiali non sono reali e i contagiati sono molti di più.»

«Vero, ma è comunque un parametro che può dare un'idea. Ci rientrano i casi di chi è finito in ospedale, dei malati gravi e dei tamponati. È già qualcosa.»

«Non ti fermi mai, Marina. Anche adesso che sei in quarantena per aver avuto un contatto con il sindaco.»

«E cosa faccio altrimenti a casa tutto il giorno?»

Il sindaco Claudio Cancelli lo avevo visto la mattina stessa in televisione, collegato con Rai1 dalla sua camera. Apparentemente in discreta salute.

«Claudio, come va? Ormai sei una star.»

«Hanno voluto ancora un intervento. Qui è davvero tragica, numerosi decessi. E poi la Cristina, il Barcella. È come una guerra. Noi resistiamo, non molliamo, soprattutto ora.»

«Claudio, ma tu sei riuscito a darti una spiegazione? Dico, a parte le follie millenaristiche che circolano...»

«Sì. Secondo me la ragione è che siamo un paese vivace, praticamente ogni giorno c'era un'iniziativa culturale, un concerto, una conferenza, una mostra. Tutte possibilità di aggregazione che erano la nostra forza. Si sono trasformate in un punto di debolezza.»

«Ma tu come stai?»

«Non chiedermelo anche tu. Io bene.»

La tesi di Cancelli mi suonò subito suggestiva. Nembro è completamente diversa da quando l'avevo lasciata, ventenne, per inseguire il mio sogno di fare il giornalista. E nei miei ritorni piuttosto assidui per gli amici e la famiglia ho potuto apprezzare la repentina trasformazione. Da paese immobile a paese in fermento. Da Cenerentola, vaso di coccio tra i vasi di ferro Alzano e Albino, a punto di riferimento della Bassa Valle Seriana. La svolta ha un'origine precisa, avvenuta casualmente.

Nel 2002 la Lega, largamente egemone alle elezioni politiche e alla guida dell'amministrazione, si spaccò in tre tronconi per le comunali, causa baruffe insignificanti, e primo partito risultò Paese vivo, una lista civica di centro-sinistra, inedito assoluto a Nembro. Sindaco Eugenio Cavagnis, mio compagno di classe alle elementari e alle medie, imprenditore di successo nel ramo ambientale prestato alla cosa pubblica. Non campando di politica, e dunque non agendo per interesse personale, scelse una giunta che lo rispecchiasse, professionisti a cui aveva chiesto il sacrificio di spendersi per il luogo natìo. Sapeva di aver vinto per le divisioni altrui, di non rappresentare la maggioranza, ma aveva un progetto, una visione.

I progetti e le visioni hanno bisogno di denaro per essere realizzati, il problema era reperirlo senza aumentare le tasse. Eugenio fece studiare ai dipendenti i bandi europei e non solo, sino a ottenere otto milioni di euro a fondo perduto con i quali cominciò a cambiare i connotati a un paese decrepito. Il rebus irrisolto era come rendere decente il budello lungo e stretto che taglia in verticale l'abitato, arteria in sclerosi ed esangue. Ampliarlo era contro le leggi della fisica, quindi il sindaco osò il contrario, strinse ancora di più la carreggiata destinata alle automobili a favore di marciapiedi e piste ciclabili alberate, cambiò la pavimentazione, trasformò le piazzette in salotti. A discapito dei parcheggi, che spostò a monte e a valle. Sapeva, come ogni riformatore, che nel corto raggio avrebbe sollevato mugugni e si sarebbe giocato il consenso, perché l'indole umana è conservatrice in fatto di abitudini. Confidava perciò nei vantaggi, che nel medio raggio sarebbero stati apprezzati. Quel che toglieva in comodità, lo restituiva in qualità, in salute. Si indebitò, senza strozzarsi, per finanziare il rifacimento del Modernissimo, da decenni abbandonato e cadente, progettò il centro civico, sistemò i parchi, ampliò gli asili nido. E infine il fiore all'occhiello, la nuova biblioteca-centro cultura, disegno dello studio Archea di Firenze, un cubo di vetro con struttura portante in acciaio e un sistema di schermatura delle superfici trasparenti costituito da formelle disposte con differenti inclinazioni rispetto al piano della vetrata. Insomma, un edificio che richiama una torre di libri.

Innescò un circuito virtuoso che per osmosi si trasferì ai diversi ambiti. L'auditorium e il teatro dell'oratorio gareggiavano per offrire gli spettacoli più ricercati, ingaggiando artisti e intellettuali di fama nazionale e internazionale. I privati seguirono a ruota. Nembro ebbe un bar-discoteca aperto 24 ore al giorno per 365 giorni l'anno, enoteche con vini raffinati, una movida, seppur di valle. Eugenio Cavagnis aveva vinto la sua scommessa. La Lega continuava a trionfare alle politiche ma la gente gli conferì il secondo mandato. Al termine del quale si ritirò, tornò alla sua attività, chiedendo di poter fare lo spazzino volontario il sabato mattina in piazza Libertà, attività che lo impegna tuttora. Se era terminata la sua avventura, non quella di Paese vivo. Claudio Cancelli, originario di Gazzaniga, nembrese per matrimonio con Simonetta Perico, laureato in fisica, ex insegnante, ex preside, ne raccolse l'eredità, proseguì e ampliò la sua opera, continuando a gettare semi nel terreno già arato. E quando sostiene che la forte socialità può essere stata una concausa del virus è in grado di sfoggiare pezze d'appoggio significative: 133 eventi l'anno, uno ogni tre giorni, al Modernissimo, 500 incontri in biblioteca, più le feste, i mercatini. Sì, Nembro stava sognando quando si risvegliò nell'incubo.

Non sappiamo, le croniche al riguardo sono parche di dettagli, come gli antenati si comportarono quattro secoli fa, se rispettarono le grida, se accettarono l'ineluttabile senza mutare abitudini. Sappiamo invece che nel 2020 i nembresi furono, salvo eccezioni, tendenzialmente ligi. Contrariamente alla loro indole, accettarono il far niente. Non era un dolce far niente, era una forma di resistenza passiva, l'unica possibile. E derivava, credo, dal diverso rapporto con la morte che le ultime generazioni avevano maturato rispetto alle precedenti. Stavamo vivendo il più lungo periodo di pace che fosse mai stato dato, almeno sul nostro territorio. C'erano persone che erano nate, cresciute e se ne erano andate senza conoscere sconvolgimenti epocali come le guerre, come non era stato concesso ai padri e ai padri dei padri. Da elemento naturale, la morte negli ultimi decenni si era via via trasformata in un'ipotesi remota, se non in pratica, nella percezione comune. Si continuava a morire, certo, ma sempre più anziani, sempre più in forma. E la pubblicità che ci vuole perennemente giovani, sani e belli, aveva contribuito a espellere la morte dall'orizzonte possibile, dall'immaginario, dal discorso pubblico.

Mi venne in mente una discussione che avevo avuto a inizio anni Novanta con un anziano cacciatore di Nembro. Si lamentava degli attacchi che la sua categoria subiva da parte degli ecologisti. Anche lui si opponeva, beninteso, a quelli che definiva "gli uccisori", gente che sparava a raffica a qualunque cosa si muovesse per riempire il carniere e farsi bella al bar. Difendeva invece il suo rapporto con una pratica vecchia come l'uomo, fatta di lunghe passeggiate, appostamenti, silenzi che erano l'essenza dello sport venatorio, di cui il colpo, l'unico colpo, era puro ornamento. Sosteneva di prendersi cura dei boschi, li ripuliva, li accudiva come fossero casa. E concludeva: «Non so quanti di questi "verdi" fanno lo stesso». Ma soprattutto valutava che il rapporto con gli uccelli morti lo preparava a quello che sarebbe stato inevitabile anche per lui e che dunque non si sarebbe trovato impreparato quando fosse giunta la sua ora. Si rammaricava che «questo nostro tempo nuovo» impedisse ai ragazzi di crescere avendo consuetudine con la morte, e chi subiva un lutto quasi lo nascondeva, non era più un momento di condivisione con la comunità ma di vergogna. Come se l'egoismo spingesse a evitare chi parlava di morte perché la morte era una scocciatura. E i suoi segni, i suoi simboli, occultati o espulsi dal panorama. Persino i paramenti che segnalavano la casa di un defunto si erano ridotti a un'anonima locandina.

Ora a Nembro veniva presentato un esoso conto per quell'oblio. La morte bussava dovunque e bisognava tornare a fare i conti con lei, come individui e come collettività. A mano a mano che passavano i giorni aumentava il numero dei trapassati che, anche quando non parenti stretti, avevano un volto conosciuto.

Il 9 marzo toccò al Beretì, al secolo Elio Beretta, il taciturno titolare dell'omonima ferramenta, di nessun sorriso ma dalle soluzioni per ogni problema di bricolage. Con quella faccia quadrata, la pappagorgia prominente, la testa come una palla da biliardo, incuteva soggezione nei clienti, che al suo cospetto mostravano la propria inadeguatezza nel risolvere i banali problemi del fai da te. Attraverso poche, misurate parole, dispensava il suo sapere settoriale e quindi proponeva il prodotto giusto con una soddisfazione simile a un rimprovero: ma che uomo sei se in casa non sai fare certe cose? Non doveva essere stato mai tenero nemmeno con i figli, Giovanni e Sergio, se non mancava di sottolineare quello che secondo lui era un gap di competenza: «Voi non riuscireste a mandare avanti l'attività senza di me». Per questa convinzione, fino agli ottantacinque anni aveva continuato ad alzare la saracinesca la mattina e ad abbassarla la sera. E solo due anni prima di andarsene aveva rinunciato all'arroganza dell'indispensabilità, lasciando il potere ai figli e tenendosi, come rigurgito d'orgoglio, il diritto a non mettere più piede nel negozio di cui era stato il padre-padrone incontrastato.

Il carattere ruvido non gli aveva impedito di godere di una forte popolarità, per l'indubbia preparazione e per la longeva attività che lo aveva reso trasversale alle generazioni. Era una buona forchetta, mangiava come un trentenne e il pensiero che si stesse avvicinando la sua ora, Covid o non Covid, non lo sfiorava, se solo il dicembre precedente si era fatto rifare tutti i denti: «Mi sono stufato di masticare con la dentiera». I figli pensarono a un blocco renale quando confessò di non sentirsi bene. Il dottore aveva scosso la testa:

«Ma no! È coronavirus, fidatevi, ne ho visti cinquecento in una settimana di casi come questo, va ricoverato». Elio Beretta, sempre refrattario a considerarsi ammalato, aveva accondisceso: «Se lo dice il dottore va bene». La figlia gli aveva fatto una fotografia con la mascherina prima di partire per l'ospedale. La sera stessa, non c'era più.

Affacciata alla finestra, il giorno successivo alla scomparsa del Beretì, mamma José mi descrisse come mutava il piccolo mondo antico di un cortile.

«È morta la mamma del Rudi. Nel cortile accanto è morto l'Angelì. E il Firlo è sempre in ospedale, non ne sappiamo nulla.»

L'Angelì, all'anagrafe Giovanni Morotti, lo avete già conosciuto. L'avevamo lasciato nel bagno del reparto di medicina dell'ospedale di Alzano il 23 febbraio, con la figlia Delia costretta a mollarlo lì e ad andarsene in fretta e furia.

Delia riuscì a vederlo per l'ultima volta il 29 febbraio grazie a un favore, una gentilezza del personale, uno strappo alle regole. L'avevano protetta con mascherina, cuffie, guanti e ammessa al capezzale. Era attaccato all'ossigeno, ma non aveva la Cpap. Gli avevano messo un catetere e ne era sollevato, perché ad alzarsi «dientae mat», diventavo matto.

Due giorni prima di spirare l'aveva chiamata.

«Delia, quando riet?» (Delia, quando vieni?)

«Pode mia, edet di parec le in giro te?» (Non posso, vedi dei parenti lì in giro tu?)

«No ghe nighu. Ma quando riet?» (No, non c'è nessuno, ma quando vieni?)

«Amò du de.» (Ancora due giorni.)

«Alura me te salude perché so dre che more, ma fa mal tot.» (Allora ti saluto perché sto morendo, mi fa male tutto.)

«Di mia issé, ie dre a curat...» (Non dire così, ti stanno curando.)

«No, so dre che more, ta racomande la mama.» (No, sto morendo, ti raccomando la mamma.)

Delia, scossa, chiamò il cappellano, don Daniele, che si era assunto il compito di messaggero tra pazienti e parenti. Lo pregò di andare dall'Angelì. Riferì: «Si è addormentato con il telefono in mano». Terminata l'agonia, se lo portò via un'infermiera dentro un sacco rosso.

Il Rudi Rizzi, un ragazzo di sessant'anni, tatuato, abbronzato, capace di macinare anche duecento chilometri al giorno in bicicletta, comprese alcune montagne con pendenze folli, abita con la moglie Silvana accanto alla José. Da porta a porta saranno tre metri, si possono parlare stando ciascuno comodamente a casa propria. Sua madre, Elsa Barcella, era stata portata all'ospedale di Seriate il 28 febbraio. Per nove giorni al Rudi avevano permesso di accudirla, anche in questo caso violando i protocolli, perché aveva febbre alta, delirava, non si calmava. Lui la doveva imboccare e c'è da supporre che il personale si fosse risolto alla concessione non avendo il tempo, con il caos montante, di seguire una paziente bisognosa di tanta attenzione. L'8 marzo gli dissero che non poteva più fermarsi e il Rudi, prima di andarsene, scattò una fotografia. La sua mano avvolta in un guanto blu che accarezza la mano della mamma, dove spiccano le unghie colorate di rosso e tre anelli d'oro, due sull'anulare e uno sul medio. Quando Elsa spirò, Rudi postò quella foto su Facebook accompagnandola con una lettera. Questa.

Cara mamma... ciao ora puoi unirti a papà... da poco volato in cielo... maledetta nuova peste... in questi tuoi ultimi interminabili giorni di agonia ti ho vista peggiorare ora dopo ora. Invocavi la tua mamma e il papà e mi guardavi implorante di mettere fine alla tua sofferenza... credimi lo avrei fatto ma non me sono stato capace non è umano tutto questo... ti accarezzavo la fronte ti tenevo per mano... quelle tue manine da ragazzina e se per un istante mi allontanavo mi cercavi con lo sguardo... non ti ho lasciata sola a morire in questo lebbrosario... dove la morte girava nei corridoi... da un letto ad un altro... ora riposa... io sono almeno in pace con me stesso mi posso guardare dentro non ti ho abbandonata... è vero magari tra qualche giorno mi troverò anche io intubato cosa che a te non hanno concesso... eri anziana e malata mi hanno detto deve morire... 10 giorni in questo inferno con la morte invisibile ma ne è valsa la pena... per vederti e stare con te tutti gli attimi che mi era concesso. Vorrei dire a quelli che con superficialità non prendono seriamente questo virus... non ci scherzate sopra e state vicini ai vostri cari... mettete da parte l'orgoglio... l'egoismo, la frenesia... ora c'è bisogno di amore ed amare... ringrazio medici e infermieri, ho visto in questi giorni i vostri sforzi... le vostre cure il lavoro in mezzo al dolore la paura la precarietà dei dispositivi di sicurezza via via in esaurimento. Grazie... ciao mamma RIP *dai un bacio a papà... già vi vedo in cielo abbracciarvi almeno ora voi potete farlo... non ti è concesso nemmeno un funerale un saluto... non ti meritavi tutto questo. Ti amo, buon viaggio. Tuo figlio Rudi a pezzi.*

Ho riportato per intero la lettera, compreso il ripetersi dei puntini di sospensione, segnale di esitazioni ragionate, perché contiene due elementi significativi e toccanti, oltre all'umanità che trasuda. In primo luogo, la mamma di Rudi invocò l'aiuto della propria madre quando sentì la fine, un elemento comune, secondo la testimonianza dei superstiti, a molte vittime. Lo fece anche mio padre Gianni, mentre stringeva forte le mani mie e di mio fratello Carlo, quando sentì che il soffio della vita lo stava abbandonando. Allora, era il 2006, ne rimasi colpito, addirittura turbato. Fu motivo di riflessioni che mi impedirono di dormire. In fondo, conclusi, era così semplice. Nel momento dell'addio terreno non c'è moglie, marito, figli, padri, che valgano chi ti ha generato, ti ha portato per nove mesi dentro di sé, ti ha nutrito col suo latte. Quell'invocazione, che è spesso un grido disperato, è il ricongiungimento con il ciclo dell'esistenza, con la parte irrazionale, emotiva, con l'amore assoluto, gratuito e senza calcoli. È il ritorno alla grande madre. Non è una scelta, non è indice di una graduatoria degli affetti, è un moto spontaneo, incontrollato, generato dall'inconscio, un omaggio al cordone ombelicale.

In secondo luogo, la mamma di Rudi non era stata intubata, "eri anziana e malata mi hanno detto deve morire". Eccola, la scelta lacerante dei medici che hanno dovuto abbandonare il meglio per il bene, si sono erti a giudici per decidere chi si poteva tentare di salvare e chi si doveva abbandonare. Secondo criteri oggettivi se non proprio matematici. Anziano, con malattie pregresse, salute precaria: ha statisticamente meno probabilità di sopravvivenza rispetto a giovane, fisico non compromesso, valori vitali incoraggianti. Se ho un solo posto in terapia intensiva a chi lo riservo? Ci fu una dose di ipocrisia nel negare che davvero fosse in atto una selezione, una versione edulcorata della rupe Tarpea, fatta in situazione di necessità. C'era anche il timore di non provocare l'ira di parenti per cui, malato o no, vecchio o no, un congiunto è un congiunto. Il sistema sanitario avrebbe dovuto garantire lo stesso trattamento a chiunque; ma il sistema sanitario era saltato, era andato in tilt, obbligando i suoi dipendenti a decidere nel qui e ora. Qui e ora c'era da adottare un criterio, e quello scelto sembrò il meno iniquo, pur se violava i diritti, pur se era inquietante. Ci sarebbe voluta chiarezza nella spiegazione di quel meccanismo. Sarebbe stato duro da subire sulle prime, lo si sarebbe capito poi. Come fece il Rudi e come traspare dalla sua lettera, oscillante tra rabbia trattenuta e intima accettazione.

Mia madre, la José, respirava quell'atmosfera.

«Gigi, hai visto quanti ne muoiono della mia generazione?»

«Per questo devi restare completamente isolata.»

«Ne muoiono anche di più giovani.»

«Molti stavano già male.»

«Io in fondo ho passato gli ottanta...»

«Non voglio sentirti fare questi discorsi.»

«Però li ho vissuti bene... Al ricovero c'è una strage.»

«E tu ci volevi andare, per fortuna ci siamo sempre opposti.»

«Mi chiedo cosa ci faccio qui.»

«Ancora? Dai, basta...»

Mamma cambiò discorso.

«Stamattina mi ha chiamato il sindaco.»

«Cancelli?»

«Sì, Cancelli.»

«E cosa ti ha detto?»

«Mi ha raccontato com'è la situazione. E mi ha detto di stare tranquilla e di seguire le regole. Ho provato a fargli delle domande, ma ha riattaccato. Comunque mi ha fatto molto piacere.»

Claudio Cancelli non aveva telefonato a mia madre. O meglio, non solo a lei. Il Comune aveva acquistato un sistema per le emergenze che consentiva di registrare un messaggio poi erogato a una rete di 2600 telefoni tra fissi e cellulari. Ne furono inviati un centinaio durante il confinamento. Partivano nel tardo pomeriggio e aiutavano molto ad attutire il senso di abbandono.

Dissi al sindaco l'equivoco in cui era caduta la José.

«Ma lo sai, Gigi, che ci sono cascati in molti?»

«Bella idea, però, Claudio.»

«Dai, un'idea banale.»

«Ma che gli racconti?»

«Dipende. A volte do informazioni pratiche, altre faccio riflessioni sugli accadimenti, cercando di mettere in risalto gli aspetti positivi, gli atti di generosità. Lo faccio per tenere coesa la comunità. Sta diventando un rito. In alcune case mettono il viva voce e mi ascoltano tutti assieme. Una donna mi ha detto che, quando chiamo io, spegne la TV dove sta seguendo la messa.»

«Confermo, Claudio, mia madre è molto contenta della tua telefonata.»

«Salutamela, dille che mi riascolterà presto.»

Per assonanza, dopo Claudio volli sentire Marina, in isolamento per i contatti con il sindaco. E infatti.

«Ehi Marina, allora?»

«Male, Gigi. Ho dolore ai muscoli e alle ossa come se mi avessero picchiata. Anche un po' di febbre. E ho perso l'olfatto.»

«La saturazione?»

«Perfetta. Quel bastardo non è sceso ai polmoni... per ora.»
«Non è il caso che chiami un dottore?»
«Finché è così posso resistere. Un antipiretico e vediamo come evolve.»
«Il gusto?»
«Va bene. Solo l'olfatto. Ma sai cosa ho scoperto? Che i dottori, non avendo altri strumenti per capire se uno si è infettato, fanno annusare ai malati la cipolla o la candeggina. Se non sentono l'odore significa che hanno il Covid.»
«Ma dai, sembra una barzelletta. Siamo nel 2020.»
«Te lo giuro. Si arrangiano così. Tamponi ce ne sono pochissimi, altri sistemi non ne conosciamo e allora si arrangiano con la cipolla. Io credevo che la perdita dell'olfatto fosse una delle tante dicerie che circolano. E invece la sto provando sulla mia pelle.»
«Mi raccomando, tieni duro e... farò scorta di cipolle.»
La storia della cipolla mi provocò un irrefrenabile riso, sgraziato rispetto al contesto. Era come se fossimo ripiombati nel Medioevo, con qualche fattucchiera che arriva al capezzale del malato, taglia il bulbo e glielo piazza sotto il naso. Infine emette la sua sentenza. Non c'era in realtà niente da ridere, semmai disperarsi per come era ridotta la nostra sanità, se costringeva i medici a lavorare in quelle condizioni. La raccontai in giro e mi presero per un burlone. Non potevo dare loro torto.

Non era di Nembro, monsignor Achille Belotti, eppure di Nembro riassumeva lo spirito, per il suo curriculum e perché nella frazione di Gavarno aveva chiuso la sua carriera pastorale. Era stato nelle periferie di Milano, tra Corsico e il Gratosoglio, nel periodo della massiccia immigrazione dal Meridione d'Italia, cappellano degli emigranti in Belgio, a Waterschei, aveva ricoperto prestigiosi incarichi in curia e infine era approdato sulle rive del Serio, dove aveva rinverdito, semmai ce ne fosse stato bisogno, la devozione a papa Giovanni, "ol papa Gioanì", intitolando a lui la nuova chiesa parrocchiale. Grazie all'amicizia con monsignor Loris Capovilla era riuscito ad avere il breviario usato dal pontefice bergamasco negli ultimi mesi di vita, e lo aveva esposto in una teca. Aveva lasciato uno scritto per i fedeli che si attaglia perfettamente allo spirito della frazione in cui aveva svolto la sua opera: "Ci sono alcuni elementi che contraddistinguono le persone che provengono dal mondo contadino. La concretezza, la determinazione, ma anche la serenità interiore". Domenica 8 marzo, celebrata la messa, aveva avuto un malore che aveva sottovalutato. Due giorni dopo si presentò alla colf di turno nella Casa del paradiso, una comunità per sacerdoti dove ormai abitava, col volto sofferente: «Vado dal mio medico di base». Non volle essere accompagnato, salì in auto, si mise al volante e partì sgommando. Le sue ultime parole: «Sono al pronto soccorso». Poi solo silenzio.

Un altro colpo per mamma, che l'aveva conosciuto per via della sua permanenza in Belgio e con cui amava conversare in francese, un pizzico di civetteria.

«Anche monsignor Achille...»

«Ho saputo, mamma.»

«Con tutto quello che ha fatto per i migranti.»

«Mamma, il virus non guarda in faccia a nessuno.»

«Lo sai che era mio coetaneo?»

«No, non lo sapevo.»

«Vedi, proprio la classe del 1937, la più disgraziata.»
«Ma tu resisti e resisterai. Se non esci.»
«E dove vuoi che vada?»

Le conversazioni avevano ormai sempre lo stesso tenore, nonostante i tentativi di deviarle verso temi meno lugubri. Ma non c'erano altri argomenti. Soprattutto a Nembro. Fu sempre mamma che il giorno dopo, il 12 marzo, mi annunciò un altro decesso, per me tra i più dolorosi.

Il 12 marzo era il compleanno di papà, se ancora ci fosse stato avrebbe compiuto novantun anni e lei si aspettava che la chiamassi.

«Mamma, sai che giorno è oggi?»

«Certo che lo so. Eh, almeno papà non ha assistito a questo disastro. Oggi è morto il Tullio.»

«Il Tullio, nooo!»

«Pensa che l'ultima volta che l'ho incontrato mi aveva chiesto come stavi e quando saresti tornato a Nembro, perché aveva voglia di fare una bella chiacchierata con te sul fine ultimo della vita. Da cattolico qual era a laico come sei tu.»

Non ce n'era stato il tempo.

Il ricordo di Tullio Carrara si mescola per me a quello dei primi baci e dei primi amori, e si sa quanto conti. Io ero in terza media e in paese era arrivata l'eccitante novità della biblioteca. Occasione formidabile per uscire e andare a "fare le ricerche per la scuola" fra cataste di libri e di enciclopedie. In realtà pretesto per incontrare le fidanzatine con una scusa inoppugnabile. La lunga teoria di scaffali che regalava un minimo di intimità era lo schermo dietro il quale strappare baci furtivi. Tullio, giovane laureato in lettere classiche, lunghi capelli corvini, carnagione olivastra, della biblioteca era il responsabile, un custode non eccessivamente occhiuto della quiete e dell'ordine, complice silenzioso delle timide effusioni amorose che fingeva di non vedere. E se non vedeva davvero, comunque intuiva e lasciava fare, evidentemente convinto che l'adolescenza abbisognasse di qualche divagazione. In modo obliquo richiamava all'ordine quando, con espressione furba, rammentava: «Ma tu non dovevi fare un compito sulla Romania? Ecco qui il testo che ti serve». Ed era un invito implicito a smettere di sprecare il pomeriggio negli anfratti della biblioteca per dedicarsi alla geografia.

Fu felice quando gli comunicai che avevo deciso per il liceo classico e si offrì di aiutarmi nei rudimenti di latino e greco: «Andrai al Sarpi, dove ci sono quasi tutti allievi di Bergamo che saranno sicuramente più avanti nel programma di te che arrivi da una media di provincia». Ribattevo, a difesa della mia amata professoressa, che Eleonora Gattafù valeva senz'altro le insegnanti di città. «Come vuoi, io sono qui.» Tullio era sempre "lì" per chiunque. Concepiva il suo lavoro come servizio a tutto tondo, non confinato tra gli orari di apertura e chiusura del suo ufficio. Aveva impegni all'oratorio dove allenava i ragazzi della David. E, più dei risultati sportivi, era la crescita come persone che lo sport assicura a interessarlo.

La biblioteca non rimase per molto tempo nel salone lungo e stretto ricavato in un'ala delle elementari. Tullio voleva di più e la sua insistenza con gli assessori gli costò quattro traslochi per approdare alfine nello splendido palazzo neoclassico con influenze Liberty dove è tuttora, il capolavoro della sua tenacia, non un deposito di volumi ma una vera piazza della conoscenza in cui presentazioni di libri, seminari e corsi di inglese, di scacchi, di bridge, di uncinetto attraggono persone di ogni genere ed età consentendo loro di acquisire una consuetudine, una dimestichezza con quei giacimenti di sapere che stavano dentro gli scaffali.

Tullio, settantadue anni quando "è tornato alla casa del padre", come scritto nel suo necrologio, dopo la pensione aveva continuato a tenere in biblioteca lezioni di latino, sulla *Divina Commedia*, sul Vangelo. Il latino lo dispensava anche in privato agli studenti claudicanti. Non si faceva pagare e c'è la sua essenza in una frase che amava ripetere e che la moglie Giuliana Barcella mi ha rammentato: «I soldi servono per vivere dignitosamente. Il resto, al vansa tot», avanza tutto, non è necessario. Giuliana lo aveva dovuto implorare perché chiamasse l'ambulanza, «Dai, che la febbre non diminuisce», «No, sto meglio». In apparenza. Dovette cedere, gli fecero due tamponi ad Alzano, entrambi negativi, ma era stato in contatto con due positivi, probabile origine del suo contagio. Da lì una via crucis nelle case di cura, Alzano, Seriate, Lecco. Giuliana parlava ogni giorno con i medici, cercando uno spiraglio che la aprisse alla speranza. Non ci fu mai. Dopo, quando tutto si era consumato, si inflisse il supplizio di leggere la cartella clinica: era stato imbottito di farmaci, nessuno risolutivo.

Tullio aveva seguito la mia carriera di giornalista passo dopo passo. Quando mi incontrava era ghiotto delle descrizioni dei Paesi che avevo visitato. Di fronte a qualche dettaglio particolarmente crudele degli scenari di guerra prorompeva in esclamazioni che, per stare lontane dalla bestemmia, suonavano buffe e arcaiche, "porcaccio can", "perdinci". E Tullio voleva discutere (ancora!) con me del senso ultimo della vita. Non si capacitava della mia inossidabile corteccia laica, ma non ha mai cercato di evangelizzarmi, gli piaceva il confronto. Io gli facevo notare che avevo vinto i premi della dottrina quando ero molto piccolo. E lui allora si informava su quando mi fossi perso ed era già pago allorché, per amor di precisione, mi definivo agnostico e non ateo. «Dall'agnosticismo si può guarire» concludeva. E io: «Guarda che l'ateismo è come una religione, l'agnosticismo è la sublimazione dello scetticismo, più difficile superarlo. Ricordi Brecht? "Delle cose certe la più certa è il dubbio." Mi sento di aderire a quella massima, oltre che all'illuminismo, alla Rivoluzione francese, al primato della ragione». Chissà se aveva sollecitato l'incontro che non c'è stato perché aveva da dirmi qualche cosa secondo lui di decisivo, di conclusivo in proposito. Non lo saprò mai. Il Covid ci dava, oltre al resto, il dispiacere degli appuntamenti mancati, delle cose ultime che non immaginavamo sarebbero state ultime.

Scorro l'elenco dei sommersi del 12 marzo, il giorno di Tullio. Sono dodici! Due hanno lo stesso nome: Giuseppe Pezzotta. Uno del 1930, l'altro del 1939. L'omonimia mandò in tilt l'ufficio necrologi dell'"Eco di Bergamo", il quotidiano locale. In periodi normali, l'elenco dei morti copre un paio di pagine, nel più crudele dei mesi si attestava stabilmente oltre le dieci, con una punta di tredici il 24, 25 e 26 marzo. Lo sfoglio metteva angoscia, ma era un esercizio indispensabile, ogni mattina, anche per chi non era aduso a leggere il giornale e apprendeva chi era mancato dai manifesti sulle bacheche pubbliche. Andare in giro non si poteva, raggiungere l'edicola più prossima era più semplice. E c'erano volontari che si offrivano per portare il quotidiano a casa. Come Sara Pesce, che lo infilava nella buca delle lettere del sindaco Claudio Cancelli in quarantena. Come la Florinda, che ne acquistava addirittura quattro per mamma José: sempre stata una gran divoratrice di carta stampata anche prima che fosse la mia professione.

I Pezzotta, dunque. Volli controllare quanti ne erano mancati. Mi imbattei in un terzo Giuseppe Pezzotta, all'alba del disastro, il 25 febbraio. E poi Carlo Pezzotta, Teresa Maria Pezzotta, Aldo Pezzotta, Pietro Pezzotta. Sette.

I Cortinovis: nove.

I Bergamelli: sei.

I Carrara: sei.

I Barcella: sei.

La macabra contabilità era conseguenza della diffusione dei cognomi e quelli a Nembro sono tra i più popolari. Per distinguere le persone, nella confusione onomastica, lo avete capito, si ricorre ai nomignoli. Cercai le fotografie: i tre Giuseppe Pezzotta li conoscevo tutti.

Il primo, Bepo, classe 1932, era un altro di coloro che avevano cercato fortuna in Belgio, se è una fortuna lavorare in miniera. Dopo due anni la sua meta era stata la Svizzera, ferraiolo a Lugano. Era poi stato priore della Confraternita del santissimo sacramento, tunica bianca e scialle rosso, e per l'associazione dei militari in congedo era addetto ai monumenti e all'esposizione delle bandiere il 25 aprile e il 4 novembre. Da qui la familiarità del suo viso, incorniciato da barba e baffi sotto penetranti occhi chiari.

Il secondo Giuseppe Pezzotta era per me il silenzioso, integerrimo, dignitoso, padre di Gianluigi detto "Cachi". Cachi aveva un anno più di me, aveva abbandonato la scuola dopo la terza media ed era un esempio di maschio alfa da gang giovanile, vitalista, muscoloso, spaccone, rodomonte, donnaiolo. Poco appassionato ai giochi dei suoi coetanei, come il calcio, il basket.

Le nostre strade si incontrarono quando, per mantenermi al liceo, decisi di lavorare d'estate come manovale nell'impresa di Renato Cortinovis. Cachi faceva parte della squadra. Eravamo due adolescenti percepiti dagli altri muratori in modo opposto. Io ero lo studentello incapace a cui insegnare tutto, Cachi se la cavava quasi da capomastro ed era a suo agio in quell'ambiente dove poteva sfoggiare tutta la sua forza fisica. Con me aveva un atteggiamento da fratello maggiore, mi proteggeva dalle reprimende quando sbagliavo, si offriva di aiutarmi a rimediare l'errore. E tuttavia teneva a sottolineare quella che dal suo punto di vista era la superiorità di chi, invece di perdere tempo sui libri, già faticava ed era autonomo. Finita l'estate, io tornavo al latino e al greco, lui continuava con la cazzuola e il martello, la malta e l'intonaco. Ci perdemmo di vista. Io, terminata la scuola secondaria, cominciai a fare il cronista al "Giornale di Bergamo". Un giorno la questura chiamò in redazione per annunciare una conferenza stampa sugli sviluppi dell'inchiesta per l'omicidio di un orefice a Vertova. Ci andai. Sul tavolo del dirigente della squadra mobile, le fotografie dei quattro banditi. Uno era Cachi, accanto ai suoi complici, due dei quali di Nembro e che pure conoscevo assai bene. Ebbi un mancamento e dovetti appoggiarmi alla scrivania. Un poliziotto si preoccupò: «Cosa succede, Riva?». «Succede che li conosco...» Tornai in ufficio e dissi al caposervizio che non me la sentivo di scrivere l'articolo. Replicò che a maggior ragione lo dovevo fare. Cachi fu latitante per mesi, catturato, condannato, evase da Porto Azzurro, un'impresa riuscita a pochi. Fu ucciso in un conflitto a fuoco con i carabinieri che lo avevano rintracciato nell'appartamento della fidanzata, il rifugio meno sicuro in cui nascondersi.

Suo padre, Giuseppe Pezzotta, sempre curato ed elegante nel suo impermeabile color ghiaccio, i pantaloni con la piega, le scarpe di cuoio, denunciava nel volto la sofferenza per quel periodo turbolento del suo arco terreno. Circolava per Nembro solitario, come se misurasse i passi, e forse la curiosità della gente. Quella pubblica esposizione sembrava suonare come un'espiazione. Avrei voluto fermarlo, talvolta, parlargli e non ne ebbi il coraggio: la sua mestizia, i suoi patimenti, evidenti nonostante i tentativi di occultarli, mi mettevano a disagio. Suoi intimi mi riferirono che provava un profondo senso di vergogna e si colpevolizzava per non essere stato all'altezza della corretta educazione di un figlio. E tuttavia aveva un altro figlio, Giorgio, cresciuto con valori e comportamenti affatto diversi. Nell'apprendere della sua scomparsa, sperai che alfine avesse trovato la pace e mi rallegrò leggere nei commiati che era diventato nonno di Gianmarco. Nella foto funebre sfoggia un sorriso largo, indossa una camicia azzurra, i capelli bianchi sono ben pettinati. Negli occhi fissi verso la macchina, un velo di tristezza che forse sono io a voler cogliere.

Anche Nembro ha avuto il suo sindacalista con la pipa, l'oggetto-feticcio di Luciano Lama. È il terzo Giuseppe Pezzotta, "Bepi". E come quel mitico segretario generale anche il nostro era della Cgil. La differenza stava nella tessera di partito che aveva in tasca: era socialista, e lo rimase fino alla dissoluzione del Psi dopo Tangentopoli. Il "Bepi" prese le redini della Fiom di Bergamo nel 1981, subito dopo la marcia dei quarantamila quadri della Fiat e la conseguente sconfitta in quella contrapposizione epocale tra rappresentanti dei lavoratori e padronato. Non erano anni facili per la convivenza tra comunisti e socialisti nello stesso sindacato. L'ascesa della stella di Craxi e l'inimicizia tra lui e Berlinguer avevano scavato un solco che si sarebbe allargato nel 1984, dopo il decreto di San Valentino sul taglio alla scala mobile voluto dal primo presidente del Consiglio socialista. Il Bepi, convinto della necessità di non lacerare i rapporti tra compagni, ebbe un provvidenziale attacco di labirintite che gli impedì di mostrarsi in pubblico, evitando di alimentare ulteriormente le già profonde divisioni.

Alto, imponente, calvo, era un uomo di mediazione, con una spiccata facilità nell'instaurare rapporti, doti che gli sarebbero tornate utili nell'opera che occupò la seconda parte della sua esistenza in qualità di presidente della casa di riposo di Nembro. Aveva trasformato, con uno sforzo di quattro milioni di euro, un'istituzione chiusa in un centro servizi aperto a tutti i cittadini, perché ci fosse osmosi tra la quarta età e le altre, perché chi era nell'ultima stagione si sentisse ancora parte della comunità. Il ricovero aveva già registrato da gennaio polmoniti anomale, un numero esorbitante di decessi rispetto alla media. Eppure il 25 febbraio, quando il pericolo era già acclarato, il Bepi non aveva smesso di girare per le stanze, controllare che i vecchietti avessero il necessario, scambiare con loro due battute, dare conforto. Non lo potevano fermare, lui che aveva sempre avuto una salute di ferro, un forte raffreddore e una tosse insistente. Se ne accorse la direttrice generale Nicoletta Carnovali: «Bepi, vai a casa e curati». Seguì il consiglio quando era ormai troppo tardi.

Ma il 12 marzo doveva almeno riservare una sorpresa in positivo, benché anche questa parola avesse assunto un'ambigua valenza.

«Gigi, sono guarita.»

«Marinaaaa! Davvero?»

«Sì, niente febbre, niente dolori, tutto passato. Per l'olfatto dovrò aspettare un po', ma quello è il meno.»

«In due giorni, così?»

«Siamo dei fenomeni noi donne.»

«Da qualche parte ho letto che i vostri polmoni hanno qualcosa, non chiedermi cosa, per cui oppongono al virus una barriera più resistente di quelli di noi maschietti.»

«E chi lo sa? Se ne dicono tante. Dovremo fare studi scientifici seri per dare risposte documentate.»

In proposito, c'erano tuttologi che abbandonavano la prudenza e si sbilanciavano. Muoiono più uomini perché ci sono più fumatori tra i maschi e i polmoni indeboliti dalle sigarette sono più vulnerabili. Ma no no no, anzi i fumatori sono più protetti anche se non è chiaro il perché. Sta di fatto che nel mio ridottissimo campione statistico c'erano tre donne sicuramente contagiate che se l'erano cavata felicemente e in fretta: mia sorella Lina, mia nipote Carla e Marina.

I medici sperimentavano in carne viva. Procedevano a tentoni cercando la formula giusta per affrontare l'ignoto sui corpi dei malati. E del resto non avevano alternative, se non guardare il numero delle vittime che cresceva a dismisura. La scienza è di per se stessa sperimentazione, ma stavolta il suo laboratorio erano gli umani.

Venerdì 13 marzo, in sostituzione del medico di base Ivo Gualandris, arrivò a Nembro il dottor Riccardo Munda, non ancora quarantenne, di Mazzarino, provincia di Caltanissetta, uno che pure aveva la sua ricetta, e la vedremo. Quando Munda mi svelò la sua origine mi venne in mente un fatto raccapricciante che avevo seguito come cronista nel 1988, proprio nel suo paese.

Pina Siracusa, una ragazza poco più che maggiorenne, era stata violentata in un casolare da quindici maschi più o meno coetanei. Lei li aveva denunciati, il sindaco comunista aveva organizzato un corteo di solidarietà per Pina, ma il paese si era schierato, salvo rare eccezioni, con gli stupratori. La solita motivazione trita: lei era una poco di buono e se l'era cercata. Durante il processo gli amici degli imputati minacciarono gli inviati dei giornali, anche con agguati alle automobili. Il dottor Munda era un bambino all'epoca della violenza di branco, eppure l'ha sentita raccontare mille e mille volte. Sbotta: «È anche per storie come quelle di Pina Siracusa che me ne sono venuto al Nord. La Sicilia è un postaccio dove devi avere un padrone. Anche solo per fare dei turni di guardia medica è d'obbligo rivolgersi a un santo protettore. Non mi piaceva e ho presentato domande fuori dalla mia isola. Poi ho scelto Selvino, un piccolo paese isolato, dove me ne posso stare per i fatti miei».

Selvino è una località sciistica a mille metri di quota, per raggiungerla da Nembro ci si inerpica su una strada tutta tornanti di dodici chilometri. Già dal dicembre precedente Munda aveva notato che diversi pazienti con polmonite non guarivano col tradizionale Augmentin. Associava allora antibiotici della famiglia delle cefalosporine di terza generazione oppure il Rocefin. Se il risultato tardava ad arrivare, aumentava le dosi, aggiungeva l'azitromicina, fino ad arrivare alla guarigione. Cento per cento di successo con una terapia antibiotica adatta a un'infezione batterica. Ma che c'entrava col virus? «Ovviamente l'antibiotico non ha effetti sul virus. Io adotto le linee guida per la polmonite, che è uno degli effetti del Covid-19. Curarla tempestivamente significa dare al nostro organismo il tempo per combattere il virus.» E siccome ogni corpo reagisce in modo diverso alle cure, era obbligatorio, secondo la ricetta-Munda, andare ogni giorno dal paziente per capire se era necessario cambiare medicinale, rivedere il dosaggio, associarlo ad altri.

Riccardo Munda arrivò dunque a Nembro forte di un proprio schema che non esitò ad applicare nonostante la Regione Lombardia avesse dato disposizione che, in assenza di mascherine, i medici fossero esentati dalle visite domiciliari. Al pari di Clara Bettini e a differenza della stragrande maggioranza dei colleghi, Munda cominciò il suo pellegrinaggio di casa in casa. E non defletteva nemmeno davanti alle implorazioni di alcuni che lo scongiuravano di dare loro la semplice ricetta al telefono: «Non venga, dottore! Mia madre è anziana, la può contagiare». Cosa che non è mai successa: «Non perché io sia il più furbo di tutti, spesso ho commesso errori, talvolta mi sono accorto che avevo la mascherina abbassata, e non ho usato particolari precauzioni. Ad esempio, le mascherine le ho sempre disinfettate da me con una Vaporella che ho acquistato per l'occasione, i camici monouso li ho scroccati a destra e a manca. Si può dire che mi è andata bene».

Ben presto si diffuse la leggenda del medico che andava in casa da chiunque lo chiamasse e lui quasi si stupì del clamore: «E dove dovrei stare col mestiere che faccio? In mezzo ai sani?». I suoi successi in termini di guarigioni scatenarono gelosie sfociate in dubbi sul suo sistema. Commenta amaro: «Sono diventato lo zimbello della medicina perché ho curato con gli antibiotici una polmonite virale che io continuo invece a sostenere sia batterica. Ho dovuto denunciare trentatré colleghi che su una pagina Facebook hanno scritto frasi diffamatorie nei miei confronti e vedremo chi avrà ragione. Del resto è facile prendersela con me, che mi sono laureato in una università non di primo piano e ho un misero curriculum. Però io continuo per la mia strada e le irrisioni di parte del mondo scientifico sono compensate dalla riconoscenza dei nembresi, che mi vogliono bene. Non mi stancherò mai di ripeterlo: bastava che funzionasse la medicina territoriale, bisognava agire all'insorgere dei sintomi curando gli infetti a casa loro e impedendo che arrivassero nelle sale di rianimazione. Quando ormai era troppo tardi».

Per troppi fu troppo tardi. Se c'era una figura che incuteva timore, in noi ragazzini spericolati su motorini malcerti spinti oltre il limite, era quella del vigile urbano. Nelle nostre scorribande ci preoccupavamo di segnalarci vicendevolmente la sua presenza: «Atensiù, ghe ol Gioanel», attenzione c'è il Giovanelli. Francesco Giovanelli era un cristo di uomo possente, massiccio, un "omasal", un omaccione, sopracciglia nere folte e capelli altrettanto corvini. Una complessione che da sola era indice di superiorità, e in più c'era la divisa. Ol Gioanel, nella nostra percezione, aveva occhi anche nella nuca, non gli scappava niente. Era rigoroso, severo, autorevole senza essere autoritario. Sembrava nato per quel mestiere, quando invece era stato un ripiego. Aveva fatto il sarto (si contavano dodici sartorie in paese ancora alla fine degli anni Sessanta) nella bottega fondata dal padre Leone, un luogo che era un po' cenacolo un po' bar sport, dove si discuteva di politica, di letteratura, di calcio, di lirica: lì i signori si facevano il vestito prima di andare alla Scala di Milano o all'Arena di Verona. Il tempo libero di Francesco era per la pallavolo e lui si vantava che Nembro aveva avuto la prima palestra regolare dedicata a quello sport, prima ancora del capoluogo. La sera, le prove come teatrante nella compagnia Dante Alighieri da mattatore del palcoscenico. Un individuo poliedrico costretto dai mutamenti sociali a reinventarsi quando si dovette prendere atto che il prêt-à-porter, figlio del boom economico, aveva sostituito l'abito su misura. Sempre meno persone suonavano alla porta della sartoria per farsi prendere le misure e ordinare un completo di buon taglio. C'era un concorso da vigile urbano ed ecco l'alternativa che lo avrebbe portato davanti a noi, le gambe ben divaricate e il taccuino in mano, ad ammonirci perché l'eccessivo rumore denotava un motore truccato o perché avevamo superato i limiti di velocità (una multa era accompagnata, oltre che dal danno economico, dalla ramanzina dei genitori, da evitare a ogni costo).

Quando appresi che il 13 di marzo, alla soglia dei novant'anni, lo avevano trovato lungo disteso nel bagno, non riuscii a coniugare la scena con la persona che avevo conosciuto. Ol Gioanel, per me, resterà sempre l'uomo che sprizza energia da tutti i pori, anche a dispetto di quanto gli accadde. Un intervento chirurgico al femore, tre alle anche, e nonostante la precarietà delle condizioni la donna di servizio l'aveva voluta tre mattine a settimana. Al resto ci pensava lui. La casa di via delle Fornaci, nel centro storico, affaccia sulla strada. Aveva invitato il giorno 10 il figlio Fabrizio a vedere l'Atalanta su Sky, non una partita qualsiasi, ma il ritorno con il Valencia per gli ottavi di finale della Champions League, il trionfo dei nerazzurri che passarono il turno, risultato 3-4 con quattro gol di Josip Iličić. Una parentesi di gioia soffocata dal ritorno degli eroi nella Bergamo spettrale, ormai certificata capitale del flagello. Fabrizio aveva declinato: «Papà, meglio che evitiamo ogni contatto». Il 12 era passato sotto le sue finestre, lo aveva chiamato e avevano parlato, naturalmente, dell'impresa della Dea: «Papà era al settimo cielo». Il 13 mattina lo chiamò al telefono e il vecchio vigile era allegro come al solito. Ma il pomeriggio... il pomeriggio non rispondeva più. Fabrizio si precipitò e lo trovò riverso senza vita. Benché in isolamento, il dottor Pandini volle essere lui a stilare il certificato di morte per l'amico. Il figlio stava ancora ultimando il rapporto con i carabinieri quando in un batter d'occhio i volontari della Croce Rossa chiusero ermeticamente il cadavere in un sacco: «Mi sono adirato, lo volevo almeno salutare e non me ne hanno lasciato il tempo».

Era venerdì della seconda settimana. Che annunciava altre sorprese. Nessuna confortante.

Il sabato fu il capolinea di Marino Novelli, settantacinque anni, vigile volontario. Piovesse, nevicasse, o tirasse vento, ogni mattina si metteva il giubbino d'ordinanza e raggiungeva le strisce pedonali di piazza Libertà per regolare il traffico e far attraversare la strada ai bambini della scuola primaria. Le tasche erano piene di caramelle da distribuire a chi gliele chiedeva, a novembre offriva caldarroste. Conosceva i nomi di tutti gli alunni. Se qualcuno si attardava a bighellonare finite le lezioni, lo redarguiva: «Vai a casa, tua madre ti aspetta». Un esempio di controllo sociale. Si era talmente calato nella parte da triplicare l'impegno, il giovedì per il mercato, sul sagrato della chiesa per le messe. Ultimato il suo compito, si concedeva lo sfizio di fare irruzione nell'ufficio anagrafe per una gag ripetuta come un ritornello. Entrava e fingeva di redarguire le impiegate: «Ecco, siete qui a rubare lo stipendio, non fate niente. A me dovreste dare la paga». E finiva con una bicchierata. Una consuetudine che non si ripeterà.

Credo di non sbagliare nel sostenere che uno dei lutti che più ha gettato Nembro nello sconforto fu quello, alle Idi di marzo, di Ivana Valoti, l'ostetrica, colei che agevolava il nascere e che ora doveva essere accostata al suo opposto. Ivana era il simbolo della vita, quanto di più vicino alle partorienti, e come poteva essere?, proprio lei!, proprio lei che due mesi prima era presente quando era venuta alla luce la figlia di suo figlio Daniele, che si sarebbe dovuta godere la nipote. E che una settimana prima aveva accudito fino all'ultimo la madre Angela, all'ospedale di Alzano Lombardo, di cui era dipendente. Sapeva del rischio di essere contagiata, lo aveva voluto correre e l'aveva preso come un privilegio. Angela, rispetto a tanti altri, almeno aveva avuto qualcuno accanto sino alla fine. Non rientrava, Ivana, cinquantotto anni, nella fascia d'età più critica, svolgeva però, in quelle circostanze, una professione fortemente esposta. Come ormai vi aspettate, lettori, dagli abitanti di Nembro, non era semplicemente l'ostetrica. Era l'Ivana dei corsi fuori orario per l'allattamento, la cuoca durante il ritiro della squadra di calcio dell'oratorio a Schilpario, la barista volontaria per don Matteo Cella, l'attrice dilettante di teatro. E quanta dedizione per i mille e mille bambini che aveva preso in braccio appena usciti dall'utero, poi seguiti nel corso del tempo, fino a vederli in piazza ormai uomini.

Mamma Angela, ottantanove anni, aveva resistito due giorni, tra il 27 e il 29 febbraio, prima di dire addio. Ivana era andata all'anagrafe per registrare il decesso e si era trovata faccia a faccia con Cristina Marcassoli: due candidate a essere eliminate dal virus ancora ignare. Chi c'era riporta un dialogo che riflette la natura ottimistica delle amiche e che, riletto a posteriori, fa rabbrividire.

Cristina: «Sei venuta per tua mamma?».

Ivana: «Eh sì, Cristina».

«Ha sofferto molto?»

«Due giorni, ma almeno c'ero io.»
«Tu come la vedi sta faccenda?»
«Dobbiamo resistere e avere fiducia.»
«Hai ragione, non dobbiamo mollare.»
«Dai, che ce la faremo a uscirne.»
«Sicuro.»

A Cristina restavano i giorni delle dita di una mano. Ivana decise di ricoverarsi lunedì 9 nel suo reparto di ostetricia e ginecologia diventato reparto Covid. C'era un letto libero, si fidava dei colleghi. Ma nessuno aveva la bacchetta magica. Riuscì a chiamare il marito Roberto, aveva il casco in testa e non poteva parlare, ma almeno lo vide. Domenica 15, di prima mattina, si mostrò al figlio Gianluca mentre beveva il tè. Aveva aperto il casco.

«Mamma, che bello vederti mentre fai colazione, forza, sono supercontento.»
«Gianluca, non ce la faccio più.»
«Dai, non mollare.»
«Io non vedo miglioramenti.»

Aveva ragione. Poche ore e arrivò la notizia fatale.

Gianluca ebbe la sensazione che quell'ultimo contatto fosse stato un passaggio di consegne. L'avrebbe sognata di frequente. Così.

«Mio padre e io abbiamo fatto lo stesso sogno, la stessa notte. Entrambi stavamo piangendo e abbiamo sentito qualcuno che ci picchiava sulle spalle, che ci abbracciava. Era lei.

«In un altro sogno, mi trovavo in una classe. Si era sentita questa storia del virus, c'erano persone intubate e morte su un aereo. A un certo punto lei era passata fra i banchi, ma i miei compagni non se ne erano accorti. Io le dico: mamma, fammi capire, ci hanno detto che sei stata intubata, che sei morta. E lei: certo, però vedi che sono qui.

«Un'altra volta era a una bancarella del mercato, il sabato andavamo sempre a fare la spesa insieme. Mi stava parlando dei prodotti da comprare. Mamma, le dico, e comincio a piangere. Come a significare: non me ne frega niente della spesa, tu sei qui. Allora lei si avvicina, dai, mi dice, e mi abbraccia. Per due secondi sento la guancia, il contatto con la sua guancia. L'ho sentito, lo sento tuttora. E mi dà forza. Ho bisogno di questi sogni, mi fanno andare avanti, mi rassicurano che lei c'è.

«Io e mio padre vediamo questa situazione capovolta. Di solito se si fanno incubi quando ti svegli ti senti sollevato, ti dici meno male che è stato un sogno. Invece ora sogni e il problema è quando ti svegli, perché ti rendi conto che la vita adesso è questa. Il fatto è che manca un pezzo fondamentale. È come se prima correvi e adesso sei senza una gamba. Andrai comunque sempre avanti, ci mancherebbe, e vivrai mille cose belle. Però non sarà più lo stesso.»

Il 15 marzo il sindaco Cancelli contò 133 morti da inizio pandemia, lo stesso numero di un anno intero. Elencò tra sé e sé: Mauro Lazzaroni, il presidente onorario del Motoclub; Antonio Ardenghi, l'alpino; Giulio Bonomi, l'intellettuale; Ilario Lazzaroni, presidente degli Artiglieri; Mirella Lazzaroni, la dama di San Vincenzo; Sandro Barcella, il factotum del cine-teatro; Cristina Marcassoli, l'impiegata dell'anagrafe; Elio Beretta, tra i commercianti più conosciuti; Achille Belotti, il monsignore; Tullio Carrara, il bibliotecario; Bepi Pezzotta, il presidente della casa di riposo; Francesco Giovanelli, l'ex vigile urbano; Marino Novelli, il vigile volontario; Ivana Valoti, l'ostetrica. Tutte persone che a vario titolo si erano spese per il bene comune. Le volle ricordare nel messaggio telefonico di quel giorno. Nembro aveva la sua Spoon River.

Come si poteva mai sentire un primo cittadino sopraffatto da un cataclisma e senza mezzi per combattere se non la sua pertinace ostinazione? Quando lo chiamai, trovai Claudio affranto, la voce bassa come il bisbiglio di una preghiera, nel riepilogare i sommersi. Si riebbe subito, come stesse dicendo a se stesso che non poteva permetterselo. Il suo tono tornò alto, calmo, riflessivo.

«Mi piacerebbe sottolineare con te aspetti meno funesti.»

«Quali, Claudio?»

«Percepisco un cambiamento epocale nei pensieri, nelle priorità della gente.»

«Nel senso che c'è meno egoismo e più disponibilità verso gli altri?»

«Esattamente. Abbiamo novanta volontari che si sono messi a disposizione, fanno qualunque cosa. Alcuni anche assumendosi rischi notevoli come portare con la propria auto i dializzati alle loro sedute. Non lo fa più nessuno, nemmeno la Croce Rossa risponde più per questo tipo di servizio. Il centro odontostomatologico Daina ha mandato alcuni dentisti in Emilia-Romagna per reperire mascherine, guanti, visiere. E ce le ha date gratis, le ha date gratis ai medici di base. Altrettanto ha fatto il poliambulatorio Sant'Agostino che avrebbe dovuto aprire i battenti proprio, pensa un po', il 22 febbraio all'interno dell'Esselunga. Ci sono artigiani che si offrono in caso di necessità, se si rompe una caldaia, se si guasta un tubo dell'acqua, se salta l'impianto elettrico. Cose elementari, ma necessarie.»

«Una gara di solidarietà.»

«Una risposta enorme, davvero. E, dulcis in fundo, sono nati tre bambini. Non sai quanto questo contribuisca a sollevarmi il morale. Nella desolazione della morte, ecco che rispunta il futuro. Benvenuti Sofia Benedetti, Giorgia Carobbio, Gabriel Noris. Non potranno bilanciare le perdite, ma ci aiutano a pensare al domani da costruire.»

Terza settimana

Il più crudele dei mesi era un marzo sfavillante di luce, di sole già caldo, di giornate inutilmente allungate. Raro nella sua possente esplosione vitalista a queste latitudini. Il più crudele dei mesi era un ossimoro. Rinchiusi nelle loro case, i nembresi guardavano dalla finestra la stagione che fioriva come fossero pesci in un acquario. L'avrebbero dovuta detrarre dalle primavere che avevano davvero vissuto. La natura occupava spazi prima preclusi a causa della coabitazione con gli umani. I prati, i boschi dello Zuccarello, delle Podone, del Misma offrivano una declinazione di verdi che si pensava nemmeno esistessero. Senza le automobili, le campane, i rumori delle attività dell'uomo, gli uccelli svolazzavano in cielo ed erano l'alternativa alla fin lì monotona colonna sonora delle ambulanze. Non si erano mai viste tante farfalle, o forse prima non le si notavano, perché in troppe faccende affaccendati. L'acqua del fiume Serio era così limpida che si sarebbe potuta bere come in epoche remote. Lo spettacolo della natura aveva il solo difetto che non ci si poteva immergere e bearsi di un paradiso ritrovato.

Nembro si era data un'organizzazione ormai collaudata che permetteva alla comunità di funzionare al minimo dei servizi necessari. Dalla tolda di comando della sua stanza, Claudio Cancelli presiedeva tre riunioni di giunta al giorno per discutere, emanare ordinanze, distribuire i compiti tra i vari assessori. I commercianti si impegnarono nelle consegne a domicilio e fu stilato un elenco per categorie: tre panetterie, tre ortofrutta, tre macellerie, un'enoteca, una gelateria, due minimarket, un apicoltore, un formaggiaio, un'azienda agricola, tre ristoranti. E, per i generi non alimentari, due ottici, un'edicola, una cartoleria, un calzolaio, un negozio di casalinghi, due fioristi.

I due fioristi rimandano al famoso slogan del Sessantotto sul pane e le rose, i rivoluzionari di quell'epoca fatale chiedevano cioè il necessario e il superfluo. Il superfluo come essenziale. Per questo, solo per questo, mi venne in mente un parallelismo con Sarajevo. Noi cronisti potevamo all'epoca usufruire dei voli delle Nazioni Unite per entrare e uscire dalla capitale della Bosnia assediata. A bordo ci era concesso un bagaglio di massimo venti chili che io regolarmente usavo per portare cibo ad amici e conoscenti. Dopo qualche viaggio, una donna, una poetessa, mi affrontò con aria quasi di rimprovero.

«Perché ci porti sempre salumi, formaggi e roba da mangiare?»

«Perché questo manca.»

«Del cibo possiamo anche fare a meno, è altro che ci manca molto di più. Ci manca essere considerati delle persone che appartengono al genere umano evoluto e che non hanno bisogno solo di avere lo stomaco pieno.»

«Tradotto in pratica?»

«A me che sono femmina, manca una saponetta, un profumo, un capo di biancheria intima.»

Capii il messaggio e cambiai il contenuto della valigia. Il concetto di urbanità si avvicina molto a quello di civiltà. L'urbanità di Nembro aveva bisogno delle rose per nutrire l'aspettativa del ritorno a un tempo che sembrava trapassato remoto ed era solo tre settimane prima.

Le rose. E il pane. Dei tre fornai uno fu obbligato a una scelta radicale perché residente a Bergamo. Temendo l'istituzione della zona rossa e il blocco della mobilità, Salvatore Giuseppe Mazzola fin dal 5 marzo attrezzò il suo negozio, Semplicemente buono, ricavato all'interno del cine-teatro Modernissimo sulla piazza della Libertà, per dormire, mangiare, vivere, lavorare. Lavorare, anche venti ore al giorno. Comprò una brandina da Decathlon e un materasso da Ikea, il bagno e la doccia c'erano già. Liberò dagli obblighi le sue dipendenti, restò solo. Sveglia all'una di notte e avanti a infornare fino alle 9.30 del mattino. Una michetta e una parola di incoraggiamento, un trancio di pizza e un sorriso. Qualche capatina a casa, restando sul pianerottolo per timore di esportare il virus dalla Nembro maledetta e trasmetterlo ai suoi figli, alla moglie, ai genitori (succederà l'opposto, prenderanno il Covid tutti i familiari, il padre Giuseppe, ex professore di ginnastica e scrittore, morirà anche per un ritardo nella diagnosi). L'isolamento volontario, costoso in termini di affetti, aveva il triplice scopo di preservare i propri cari, tenere aperta un'attività altrimenti a rischio fallimento per le spese fisse e stare vicino ai clienti in un momento di difficoltà. Diventerà "il nostro Salvatore", nella duplice accezione di nome proprio e sostantivo, per l'affettuoso omaggio tributatogli dal sindaco Cancelli. Ma anche Salvatore come Salvatore Giuliano, il bandito originario di Montelepre, il paese in provincia di Palermo da dove il futuro nembrese era partito nel 1996, poco più che ventenne, con destinazione Londra. Trovò un impiego come lavapiatti all'hotel Four Seasons, imparò l'inglese e dopo due anni tornò nella penisola, centralinista per la catena Jolly. Il ragazzo siciliano doveva avere dei numeri se per lui funzionò, seppur lentamente, l'ascensore sociale e, piano dopo piano, arrivò al grado di direttore d'albergo nella Milano che sa offrire chance a chi se le merita. Salvatore però non è il tipo che si adagia, certo le gratificazioni erano arrivate, tuttavia lui aveva un sogno diverso da bambino e, appurato che non gli mancavano né lo spirito di sacrificio né la voglia di rimettersi in gioco, lo volle inseguire. Panettiere voleva essere e panettiere doveva essere. Si licenziò, con il sussidio di disoccupazione si iscrisse ai corsi serali, lasciò la metropoli scegliendo la Bergamo di sua moglie Claudia, e nel 2017 trovò lo spazio giusto per il suo negozio a Nembro. Avrete capito perché non poteva mollare nemmeno al cospetto del virus.

Don Matteo Cella, il prete dell'oratorio che sembra un cantante rock, era invece il delegato ai giovani, quelli che più soffrivano per la sottrazione della socialità nel momento in cui avrebbero dovuto uscire dal guscio della famiglia per aprirsi al mondo esterno. La mente del sacerdote era in modalità "turbo", allo scopo di inventare qualunque iniziativa utile a tenere unita la rete di relazioni pazientemente costruita, perché i suoi ragazzi non soffrissero la solitudine, non si abbandonassero all'ozio improduttivo e tenessero accese le sinapsi del cervello. Organizzò da remoto le riunioni della redazione del giornalino. Ai più versati nell'uso dell'elettronica chiese di formare una squadra per la trasmissione delle messe online. I catechisti ogni venerdì convocati su Zoom. A coloro che avevano ammalati o morti tra i parenti, dedicava lunghe telefonate di consolazione. Chiese agli adolescenti lo sforzo di distribuire cinquemila volantini con le informazioni utili alla cittadinanza, attività dalla quale normalmente svicolavano, ma che accettarono di buon grado: era il lasciapassare per poter circolare liberamente all'aria aperta.

Per non impazzire a causa delle faticose ore passate al computer, si obbligò a cimentarsi nei lavori manuali, strappare erbe dal giardino, pulire la sala del teatro, riparare un tubo rotto. Talvolta trasgrediva, approfittando del suo titolo, per la curiosità di vedere com'era la Nembro addormentata, contava i radi passanti, si immalinconiva e subito ricaricava le pile. Ciascuno, e tanto più un pastore, si sentiva obbligato da una legge morale, prima ancora che divina, a riempire di significato la sua missione. E don Matteo addirittura esagerava nella riproposizione assidua di una finzione di normalità. Facciamo finta che... facciamo come se... Nonostante fosse ben consapevole di offrire un surrogato.

La giovane dottoressa Clara Bettini aveva ormai fatto l'abitudine al ritmo infernale imposto dal Covid. Sveglia di mattina presto a Bergamo Alta, partenza per Nembro, ritorno a casa non prima delle 21, il tempo di mangiare qualcosa con la madre e accasciarsi sfinita a letto. In mezzo, un corso superaccelerato di qualunque emergenza un medico possa trovarsi ad affrontare. Nell'ambulatorio, sia i titolari sia i sostituti erano in quarantena o ammalati. Tranne lei e il collega Munda, che non avevano il cuore di dire ai pazienti che incontravano e li supplicavano: "Scusate, non siete i miei, ne ho già abbastanza". No, Clara si concedeva senza sosta, sorretta da quell'adrenalina da situazione estrema che porta al limite le capacità di sopportazione della fatica, ma è anche la potente ricarica che permette l'indomani di ripartire con la stessa foga, lo stesso entusiasmo. Andava a visitare in casa, stilava le ricette, si coordinava con la farmacia, cercava di aiutare chi era alla ricerca di bombole d'ossigeno.

E poi il dolore per la prima paziente che non ce l'aveva fatta, lo studio delle varie terapie che per accostamenti progressivi si cercava di perfezionare grazie all'esperienza velocemente accumulata: non c'erano precedenti. E l'idrossiclorochina sembrava salvifica, salvo rivelarsi un placebo, e invece ci voleva l'eparina contro le trombosi, causa di diversi decessi, e il cortisone miracoloso, da un certo punto in poi. Fare, fare, fare, senza nemmeno riflettere, non c'era tempo. E farlo col sorriso, il sorriso che i nembresi non dimenticheranno, perché è il sorriso di quando c'era il peggio. Mi confidò, la dottoressa, di avere letto soltanto un libro durante quel marzo crudele, *Nella foresta* di

Jean Hegland. Quando, incuriosito, andai a controllare quale fosse la trama, mi meravigliai di come si fosse lasciata attrarre da una storia simile, non così diversa da quella che stava affrontando da protagonista, l'apocalisse del mondo civilizzato nella California del Nord e due sorelle adolescenti, Nell ed Eva, che capiscono di dover trovare un modo nuovo di vivere in un ambiente che non sarà più quello di prima, attraverso un'alleanza difficile e complessa con la natura, che va conosciuta, compresa e non violentata.

La foresta di Clara Bettini erano Nembro e i suoi dintorni, e chissà quanto si era immedesimata in Nell ed Eva, a differenza delle quali non era rimasta sola, perché aveva trovato un padre professionale in Massimo Pandini, che da recluso in casa non mancava di darle conforto, aiutarla, spronarla. Il dottor Pandini, nell'abitazione di via Papa Giovanni, senza televisione per scelta, consumava tutti i giga del telefonino: «Ero la monaca di Monza, recluso ma parlavo». Scendeva solo per aprire la cassetta della posta, dove i suoi assistiti gli lasciavano le sigarette, i giornali, il cibo: «Dovetti frenarli, perché non potevo mangiare otto portate di carne al giorno». Il 16 marzo uscì dalla sua tana, la prima passeggiata la fece per andare a trovare Clara nello studio: «L'avevano massacrata e volevo conoscere quel portento di donna che aveva resistito. Mi sono messo in un angolo e ho riordinato le cartacce, ho fatto il suo segretario e il suo informatore». Si trovò a camminare «in una Nembro allucinante e affascinante, buia, sembrava una città sotto assedio che dovesse cadere da un momento all'altro, neanche fosse Berlino con i russi alle porte».

I vivi sopravvivevano camminando, metaforicamente, sui cadaveri. E sul ricordo di quando i morti erano vivi, poco fa. Non c'era angolo, anfratto, portone, condominio, via, che non avesse il suo estinto. Il numero aumentava come quello di un contatore impazzito senza più generare sorpresa.

Dopo il padre, l'Angelì, lunedì 16 marzo Delia Morotti pianse anche la madre, la Rina. Se l'era tenuta in casa finché aveva potuto, come da suo desiderio, ma si era dovuta arrendere. Mentre saliva sull'ambulanza, il venerdì precedente, la Rina si era voltata, l'aveva guardata e rimproverata: «Mi avevi promesso che non mi avresti più portata in ospedale». Non avrebbe più udito la sua voce. Una radiologa, ex collega della sorella di Delia, vide al computer la Tac dei polmoni: anche un occhio inesperto avrebbe capito. Si precipitò alla casa di cura, ebbe qualche informazione da una dottoressa dell'Est: «Mi dispiace, ha già l'ossigeno al massimo. Non si preoccupi, le daremo la morfina». Era una sentenza.

Passato invano il weekend a cercare altre informazioni, il lunedì mattina Delia tornò alla carica: «Mi dispiace, sua madre se n'è appena andata». Indicò un punto vago in fondo a una stanza dove c'erano diversi corpi ammassati. «La cerco» disse la dottoressa dell'Est. «Non la cerchi, è quella con la coperta rossa.» L'aveva riconosciuta da quel plaid che le aveva dato per coprirsi. Nella testa le rimbombava il rimprovero: "Mi avevi promesso che non mi avresti più portata in ospedale". Concluse che no, non avrebbe dovuto farlo. Avrebbe dovuto tenerla nel suo letto, a guardarsi attorno, a cercare negli oggetti di casa i segni, che ci sono in tutte le case, di una felicità passata ma non perduta. Così avrebbe potuto chiudere gli occhi con la consolazione delle cose preziose.

Il dolore aveva anche il sovrapprezzo della mancanza del decoro, di un saluto degno, della ritualità che è un presupposto dell'accettazione. Di tutti quegli "almeno" che attenuano il ricordo del momento fatale, persino i sensi di colpa, quando ci sono. Almeno gli ho detto le cose che volevo dirgli da una vita, almeno non ha sofferto, almeno gli ho stretto la mano fino alla fine, almeno ha avuto un bel funerale (se mai può essere bello un funerale). Se ne andavano così, senza sapere nemmeno dove fossero, quale fosse l'ultima parola pronunciata, l'ultima immagine vista. I loro corpi venivano scaricati dentro un sacco, talvolta dell'immondizia, etichettato con un nome e una data. Una data di nascita diversa per ciascuno, nella maggioranza dei casi compresa tra il 1930 e il 1945. E una data di decesso uguale per tutti: 2020, 2020, 2020... E il mese: marzo, marzo, marzo...

La fabbrica della morte funzionava a ritmo continuo e aveva perso qualunque grazia. La grazia della composizione del cadavere, la cura dei lineamenti del viso, la vestizione con l'abito che il defunto aveva sempre amato, il rosario intrecciato alle dita, l'oggetto-feticcio nella bara, fosse la maglia dell'Atalanta, un libro, la fotografia della famiglia. La corona di fiori sopra il sarcofago, il corteo verso la chiesa, il turibolo che spande l'incenso, la predica, che non è mai consolatoria ma è indispensabile. Infine, il pugno di terra gettato nella fossa, il rito del ricongiungimento con il ciclo della natura, *pulvis es et in pulverem reverteris*: una promessa di eternizzazione. Per chi resta, il calore di una comunità partecipe, la conta della fama in vita del congiunto, le frasi sul libro accanto alla bara. Niente. Tutto spazzato via dall'urgenza della catena di montaggio: morto – sacco – forno crematorio o bara – ricerca di dove sia finita – sepoltura alla chetichella. Il titolare delle pompe funebri di Nembro, Marco Vedovati, ricapitola il caso del "Beretì", che «mi ha fatto tribolare tanto».

Il Beretì, quello della ferramenta, era deceduto alla clinica Gavazzeni. «Con lui hanno fatto tanti di quei casini da non credere. Vado giù per prenderlo e, pota, al ghe mia, non c'è. Telefono di qua e di là e non lo trovo. Era andato un mio collega e l'aveva messo in una delle sue bare. Lo ritrovo, lo porto al forno crematorio di Varese e scompare per la seconda volta. Lo avevano trasferito al cimitero di Bergamo e non potevo recuperarlo perché c'era l'ordine che fossero i militari a farlo.» Da chiedersi, nel bailamme, quanti siano ora sepolti con un nome diverso. «No, quello è impossibile perché si scrivono subito le generalità sulla cassa e non ci si può sbagliare.» Sarà, e tuttavia i dubbi vengono, e sono venuti, a molti dei parenti nella giostra di trasferimenti in mezza penisola, perché i due forni crematori di Bergamo, pur funzionando a ritmo continuo, non riuscivano a smaltire la domanda. I corpi partivano alla rinfusa per altre città lombarde, il Veneto, il Piemonte, l'Emilia-Romagna. Un funerale vagante e collettivo sulle strade rade di automobili. I familiari a casa a chiedersi: «Ndoe saral?», dove sarà? E a fare qualunque congettura, compresa l'ipotesi che i loro cari non si sarebbero trovati più, spariti nel buco nero del coronavirus, confusi nella massa, forse candidati a diventare civili ignoti chissà dove, e la mano pietosa di qualche estraneo magari un giorno avrebbe deposto un fiore. Quando le urne tornavano con l'etichetta sopra c'era da fare un atto di fede. Sarà lui o sarà un altro? Si accantonava il dubbio, accettando di fingere una certezza: è lei, è lui, e in fondo ormai che importa, visto che lei o lui non ci sono più?

Marco Vedovati è stato un ciclista di buon livello fino alla categoria dilettanti, poi massaggiatore professionista in diversi Giri d'Italia e Tour de France. Capì di avere una dote per il mestiere del becchino quando, sin dagli albori della professione, si rese conto di riuscire a entrare in empatia con i familiari, di trasmettere fiducia, sicurezza. Si era dato una regola ferrea per attraversare il suo personale deserto. In servizio dalle 7 alle 21.30 e poi dormire, riposare, cercare di dimenticare le bare, i corpi, lo spaesamento dei parenti, le lacrime versate e trattenute, la disperazione. Dormire per poter ripartire e stordirsi di cose da fare il giorno dopo, senza porsi troppe domande, eseguendo un compito diventato improbo, rispettando gli obblighi di un mestiere ingrato ma indispensabile.

La fabbrica della sepoltura dichiarò la sua bancarotta il 18 marzo, quando un video di pochi secondi e alcune fotografie, che dilagarono velocemente nei cinque continenti, resero evidente la dimensione del disastro ed elevarono Bergamo e la sua provincia a capitale mondiale della pandemia. Fu Emanuele Di Terlizzi, un assistente di volo della Ryanair, a riprendere verso le 21, dal suo terrazzo di via Borgo Palazzo, la lunga teoria di mezzi militari scortati dalle auto dei carabinieri che trasportavano le bare con i cadaveri impossibili da inumare o bruciare, causa iper-produzione di defunti. Devo confessare di non avere compreso da subito la portata simbolica delle immagini che avrebbero indotto il Parlamento a proclamare il 18 marzo "Giornata nazionale in memoria delle vittime dell'epidemia di coronavirus". Sebbene non fossi nell'epicentro del ciclone, ero comunque a esso connesso quotidianamente per ore e ore. Il ricorso all'esercito per lo smaltimento dei morti mi sembrava la logica conseguenza di quanto da giorni apprendevo dalle mie fonti e non avevo bisogno di avere un riscontro visivo. La miopia di chi guarda da troppo vicino. L'occhio presbite del resto del pianeta misurava con maggiore lucidità la portata degli scatti dello steward. C'era una città benestante, nell'Occidente evoluto, negli anni Venti del Ventunesimo secolo, che doveva ricorrere ai soldati per arginare gli effetti del massacro. Di Terlizzi aveva evocato tutto questo. In men che non si dica fui tempestato di messaggi, telefonate, email, di chi, nella mia percezione, aveva scoperto l'acqua calda. L'effetto paradossale fu che a Nembro quella reazione globale scatenò un'ondata di panico assai maggiore di quella provocata dai mezzi militari, perché obbligava a riflettere su quanto fosse tragica la nostra condizione agli occhi di un osservatore neutrale. La propaganda no vax e no green pass, quasi sovrapponibile, si sarebbe peritata più avanti di mettere in discussione la parata di carri, o meglio il loro contenuto, abbracciando la tesi della messa in scena: lo sfregio più stupidamente gratuito alle pene di un popolo intero.

Chi, contrariamente a me, da uomo di televisione seppe cogliere d'acchito l'impatto di quella tempesta mediatica fu il sindaco Giorgio Gori. Ciò che più lo impressionò fu un filmato della Cnn, in cui alle spalle del conduttore era visibile una cartina del globo con un puntino rosso sulla città di Bergamo. Il pragmatismo tipico della sua azione amministrativa lo portò a considerare i riflessi a lungo termine sul turismo e sul commercio. Sbarcavano troupe dal Giappone, dal Sudamerica, dagli Stati Uniti e dal Nord Europa, una notorietà involontaria accompagnata da una forte solidarietà internazionale di cui si sarebbe fatto volentieri a meno. Si pose, il sindaco, l'obiettivo di trasformare in un vantaggio quell'esposizione senza precedenti e volgerla in simpatia, nella voglia altrui di aiutarci, di accompagnarci fuori dall'incubo. Dopo le illusioni della prima caotica fase, della Bergamo che corre e non si ferma, della declassificazione del virus a normale influenza, Giorgio Gori si era calato nei panni del sindaco che doveva gestire l'occupazione della città da parte di un nemico infido. Aveva attrezzato una task force formata dai più stretti consiglieri che condividevano con lui le stanze di palazzo Frizzoni, la sede del Comune, a testimonianza di un'amministrazione che c'era e non abbandonava i cittadini bisognosi di simboli e rassicurazioni. Aveva richiamato i tre figli, studenti universitari, dall'Inghilterra e da Siena, guadagnandosi anche alcuni articoli tra lo stupefatto e l'ironico perché da Bergamo, semmai, si doveva fuggire. La sua giornata era scandita da una rigida scaletta. Sveglia presto, alle 7 in ufficio, ritorno a casa per il pranzo in famiglia (appuntamento inusuale e consolante), ritorno al lavoro, fino a sera. Cena, TV, libri. Nel suo andirivieni tra la Bergamo Alta, dove abita, e la Bergamo Bassa, aveva riscoperto una città "straniante ma meravigliosa" nell'assenza di traffico, nel silenzio della morte. Aveva detto a se stesso che se "la bellezza salverà il mondo", nella struggente frase di Dostoevskij, avrebbe potuto salvare Bergamo quando sarebbe arrivato, perché sarebbe arrivato, il momento della ripartenza. E aveva caldeggiato la produzione di video che la riprendessero così com'era, nella sua armonia classica, denudata o quasi della presenza delle attività umane e illuminata dal risveglio primaverile di una natura generosa fino a comporre un quadro metafisico.

Giorgio Gori era un referente per Claudio Cancelli, e viceversa, due sindaci della stessa area politica. Il capoluogo e il paese che, pur nelle diverse dimensioni, erano uguali nella sorte. Bergamo aveva temuto Nembro e sperato che il primo focolaio della provincia non scendesse la Valle Seriana fino a raggiungere il rondò delle valli, la città, i suoi abitanti che sono dieci volte tanti. Poi si era arresa all'evidenza di essere diventata una Nembro maggiore. Lo scambio di opinioni tra i primi cittadini su come comportarsi e quali provvedimenti adottare, se non serviva a trovare una formula magica, contribuiva ad alzare qualche argine, a limitare i danni. In quel momento il massimo programma realizzabile.

Un sottile senso di colpa accomunava tutti i bergamaschi che stavano non dico al riparo, nessuno lo era dovunque si trovasse, ma lontano dall'epicentro. Il mio attivismo da remoto era un modo per tacitare la coscienza, rendermi utile come potevo. Segnalare il caso Nembro, ormai non più "mistero Nembro", era accendere un faro e dunque ne parlavo in televisione, sull'"Espresso", aiutavo i colleghi che ormai a frotte invadevano le mie strade di ragazzo con consigli su chi incontrare, chi interpellare per avere informazioni affidabili. Invadevano ed erano talvolta invadenti, tanto da eccedere il diritto di cronaca quando valicavano il confine di un'intimità di cui i nembresi sono sempre stati gelosi. C'è una dote che non si insegna nelle scuole di giornalismo, perché è prerogativa personale, una dote da usare quando si coprono servizi sulle tragedie, ed è il tatto, indispensabile verso chi ha appena subito un lutto.

Nel rincorrersi di pensieri ondivaghi, il senso di colpa diminuiva davanti alla constatazione che la mia presenza non avrebbe potuto cambiare granché lo stato delle cose, anzi, era un atto di superbia credere il contrario. Ma soprattutto non mi sfiorava l'idea che qualcuno dei miei familiari potesse essere falciato dalla morte. A posteriori, un atteggiamento incosciente. Nessuna precauzione, nessuna intelligenza era sufficiente a salvaguardare del tutto dal pericolo. Eppure avevo una fiducia cieca in ciascuno di loro, ne sarebbero usciti indenni. Mia nipote Carla e suo padre, mio cognato Flavio, avevano già contratto la malattia e se l'erano cavata con un gran tossire durato alcuni giorni. Mia sorella Lina altrettanto. Mia madre rispettava scrupolosamente la consegna degli "arresti domiciliari". Mio fratello Carlo era per me invincibile, la sua compagna Patrizia, infermiera, era in prima linea certo, ma aveva una lunga esperienza. Carla e Lina lavoravano in ambulatori medici, ma la paura per la prossimità del pericolo era controbilanciata dalla convinzione che i loro dottori, in caso di necessità, avrebbero reperito il necessario per le cure. Un privilegio rassicurante: chi non ne avrebbe usufruito date le circostanze?

La sequenza di questi dati razionali vacillava, ma non cadeva, davanti ad alcune conversazioni, come questa con Lina a tarda sera.

«Come va, sorella?»

«Distrutta, sono appena tornata dall'ambulatorio.»

«Posso capire...»

«No, non puoi capire. Mi sembra ogni giorno di svuotare il mare con un cucchiaio.»

«Chiedi ai tuoi dottori un giorno di riposo.»

«E chi ci va in studio? Chi ci va, con tutti i mutuati che hanno bisogno? Non se ne parla neanche. Gigi...»

«Sì?»

«Io ormai ogni sera vado a dormire chiedendomi chi l'indomani mattina si sarà aggiunto all'elenco dei morti. Quando riuscirai a venire a Nembro non so quanti di noi troverai, che paese troverai.»

«Allora cerco di venire subito.»

«Ti scongiuro, non farlo. Hai due figli.»

Era certo lo sconforto per una giornata passata attraverso un dolore ripetuto ma a cui Lina non riusciva ad abituarsi, a prendere una distanza. E non c'era nessun argomento per poter arginare quell'ondata di pessimismo. L'unica era lasciarle ricaricare le pile con una benefica dormita e ritrovarla di primo mattino al volante della sua automobile diretta con rinnovato vigore verso i suoi assistiti. Lina come il guardiano del *Piccolo principe*, "la consigne c'est la consigne", il dovere è il dovere, da espletare in qualunque condizione ci si trovi.

Come succedeva raramente, la mattina del 19 marzo, san Giuseppe, fu mamma José a telefonare. Quando la rimproveravo perché non prendeva mai lei l'iniziativa replicava: «Non ti chiamo perché non voglio disturbarti, sei sempre tanto occupato». Non era per farmi gli auguri per la festa del papà, ma per darmi una notizia del civico 15 di via Ronchetti.

«Il Fabrizio è tornato a casa. Gua-ri-to!»

Fabrizio Persico, settantadue anni, il diplomatico con una cartella clinica pregressa dove c'è scritto malaria, un infarto e due bypass, si era già ristabilito da una settimana: mamma, nel suo poco splendido isolamento, l'aveva saputo in ritardo, non funzionava più nemmeno il telefono senza fili del cortile. Su Fabrizio avevano sperimentato un mix di antibiotici, un antiartritico e idrossiclorochina. Lo avvisarono che era una cura sperimentale e si sottopose volentieri: «In queste situazioni nuove bisogna avere l'intelligenza di fare da cavia e sperare che sia utile per noi e per chi viene dopo di noi». Aveva funzionato.

Nello scandire «Gua-ri-to» la José, oltre alla felicità per il vicino di casa, esprimeva la fantastica sorpresa di un decorso felice della malattia in una persona con diverse patologie. Dunque quell'affarino immigrato clandestinamente dalla Cina non era così invincibile come si era creduto. Non era solo un piccolo passo per il civico 15 di via Ronchetti ma, esagerando, un grande passo per l'umanità. O almeno così lo si valutava da quel microcosmo.

«Lo dovrebbero dire al telegiornale, vero Gigi?»

«Del Fabrizio, mamma?»

«Certo, devono dare anche le belle notizie quando ci sono.»

«Lo dirà Bergamo TV magari, perché lui è famoso qui da noi. Ma per fortuna non succede solo a lui di guarire.»

«Di Nembro dicono solo le cose brutte, dovrebbero dire anche questa. Promettimi che avverti qualche tuo collega delle TV.»

«Lo farò. Tu intanto continua a rigare dritto, non uscire. Salutami il Fabrizio e abbraccialo da parte mia se gli parli dalla finestra.»

«È in quarantena adesso.»

Per capire come si fosse salvato volli sentire il suo medico curante, il dissacrante Massimo Pandini, che fu fulminante: «Il Firlo, al secolo, Fabrizio Persico, l'ha salvato la giovane dottoressa Clara Bettini, mia sostituta. Tempestività nell'intervento. Tempestività!».

La terza settimana si chiuse con un incidente che mi riguarda e che riporto perché emblematico del clima, dunque funzionale a questa cronaca. Uscì la domenica 22 sull'"Espresso" il mio secondo articolo su Nembro, corredato dalle immagini di molti dei caduti reperite dal fotografo Marco Quaranta. Sarebbe stato acquistato da nove testate straniere e tradotto in diverse lingue. Molti miei compaesani mi ringraziarono commossi e grati per l'attenzione che portavo sulla carneficina. Ci furono però due eccezioni. Le avvisaglie del malcontento arrivarono con diversi messaggi WhatsApp digitati compulsivamente da mia nipote Carla sull'onda di una tempesta emotiva incontenibile: "Hai scritto che l'Ilario ha infettato il sindaco... Dovevi ricordare i morti... non fare accuse... e sei sulla bocca di tutti... la Laura è incazzata nera... e io ho vergogna che tu hai scritto una cosa simile... le sono morte tre persone e tu fai ste accuse????... Ma che VERGOGNA! E io lo scrivo... che mi dissocio e mi vergogno... sei una delusione... ti sei permesso di fare una cosa allucinante, lascia il dolore alle famiglie, dovevi portare rispetto!!!!!!!!".

Scorsi basito la sequela di improperi. Cercai di parlare con Carla, che non mi rispondeva. Mio fratello Carlo mi consigliò di lasciar perdere e farla sbollire, sarebbe rinsavita riflettendo con calma. Qual era a suo avviso il mio errore? Ecco il passaggio incriminato: "La cena sociale degli Artiglieri è stata domenica 23 febbraio. Accanto al presidente Ilario Lazzaroni, ottantatré anni, stava seduto il sindaco Claudio Cancelli. Ilario non sapeva di essere infetto e probabilmente ha contagiato il primo cittadino (ora perfettamente guarito)". Da nulla si desume una eventuale colpa di Ilario che, appunto, "non sapeva di essere infetto" e "probabilmente" aveva contagiato il sindaco, cosa che mi fu confermata da più fonti. Laura, "incazzata nera", è la figlia di Ilario e, oltre al padre, aveva perso anche lo zio e la zia. Qualunque precisazione lessicale era inutile davanti a una donna tanto provata, qualunque sua reazione era legittima e non potevo biasimarla per essersi scagliata contro di me. Difendeva la memoria del padre, ma c'era un malinteso. L'intenzione dell'autore, cioè io, peraltro evidente dal contesto, era di rimarcare come tutti fossero vittime. L'intenzione della lettrice, Laura, si soffermava sul timore che si potesse ritenere il padre responsabile nell'atmosfera di sospetto che aveva reso irrespirabile l'aria. Con Laura siamo poi diventati amici. Con Carla c'è voluto del tempo per ricucire, riottosa com'è stata per giorni a intendere qualunque spiegazione: si sentiva in colpa perché mia parente al cospetto del contesto sociale in cui abita.

Francesca Anna Barcella preferì rivolgersi al direttore dell'"Espresso" Marco Damilano: "Sono la nipote del signor Franco Orlandi e le parlo a nome di tutta la mia famiglia. Nell'articolo scritto dal mio concittadino Gigi Riva l'autore precisa come mio zio abbia 'infettato chiunque gli fosse passato accanto'. E ancora come proprio in mio zio possa individuarsi il 'paziente zero e il morto numero uno che annunciava il più crudele dei mesi per Nembro, il marzo dei lutti', addebitando a mio zio ben novantaquattro cadaveri nei primi quindici giorni in una comunità di 11.500 abitanti". Seguiva richiesta di rettifica. I passi incriminati e mal interpretati erano questi: "Il primo a morire fu un ex camionista. Si chiamava Franco Orlandi. Era un caldo lunedì 24 febbraio. Da nove giorni era ricoverato nel reparto di medicina dell'ospedale di Alzano. Che fosse stato il coronavirus lo scoprirono col tampone solo dopo. Quando il nemico invisibile era già dilagato da quel corpo sofferente per infettare chiunque gli fosse passato accanto ... Franco Orlandi era di Nembro. Il paziente zero e il morto numero uno che annunciava il più crudele dei mesi per Nembro, il marzo dei lutti, 94 cadaveri nei primi 15 giorni". Emerge con nitore palmare che Franco Orlandi era inconsapevole della sua condizione, che era innocente, come chiunque, una vittima come tutti gli altri. Se era rimasto ricoverato per nove giorni col virus addosso, è ovvio che potesse infettare, che "per Nembro" fosse il paziente zero e il morto numero uno, almeno per quanto se ne sapeva all'epoca (più avanti si sarebbe scoperto che l'infezione circolava già da dicembre e che non era lui la vittima numero uno, bensì Mauro Lazzaroni, lo zio di Laura, deceduto un giorno prima).

Una lezione andava tratta da reazioni anche scomposte ma giustificate dalla concitazione di quei giorni. Dalla peste manzoniana del 1630 non era cambiato nulla e del resto la gamma dei sentimenti, dei comportamenti, delle reazioni umane non ha subito alterazioni significative dalla conquista della posizione eretta da parte dell'uomo. La caccia all'untore si sussegue identica, pandemia dopo pandemia, parallela al timore di essere additati come tali. Abituati a cercare un colpevole, applichiamo quello schema anche quando è davvero inutilizzabile. Se realmente fosse provato, come vuole una tesi complottarda, che il Covid-19 è stato consapevolmente prodotto in un laboratorio di Wuhan per chissà quali scopi di annientamento degni di un film di fantascienza, allora sì ci sarebbe un colpevole, un criminale assimilabile a un genocida. Uno solo l'ideatore del massacro, e al massimo potrebbero essere chiamati in correità alcuni complici che lo hanno coadiuvato nell'opera. Ma tutti gli altri, nella interminabile catena che si dipana dalla provincia dell'Hubei, varca i confini della Cina, invade l'Europa e l'intero orbe terracqueo, sono innocenti. Si possono certo individuare comportamenti colposi, e ce ne sono stati, in chi, pur sapendo di essere infetto, si è messo in viaggio, si è mescolato tra la folla magari addirittura rinunciando ai dispositivi di protezione. O tra chi, avendone il potere, non ha messo in atto protocolli di sanità pubblica che era in dovere di predisporre. E non rientrano ovviamente in nessuno di questi casi né l'Ilario Lazzaroni né il Franco Orlandi, così come nessuno tra i tanti ignari della propria sorte che sono stati veicoli di contagio nonostante se stessi e, anzi, al prezzo di se stessi.

Nella confusione della prima ondata, nell'impotenza generalizzata, nella Nembro falcidiata al punto da stabilire un poco invidiabile record di circolazione del virus e di decessi, mai si levò una voce d'accusa, e si sentirono soltanto parole di gratitudine, nei confronti di chi, medici, paramedici, volontari di ogni tipo, si era dato da fare per alleviare sofferenze. E, tuttavia, una così compatta coesione non era destinata a durare dopo la "normalizzazione" dell'emergenza e l'inizio della lunga fase di coesistenza col virus. Riemersero attitudini dell'animo umano rivolte a cercare responsabilità, a chiarire misteri nascosti, a chiedere giustizia per mancanze, se non dolose, almeno colpose.

Le avvisaglie si ebbero proprio domenica 22 marzo, quando su Facebook apparve la pagina di un nuovo gruppo, "Noi denunceremo". Era stata aperta da Luca Fusco, un commercialista di Brusaporto, paese a una decina di chilometri da Nembro, e da suo figlio Stefano, che avevano perso Antonio, rispettivamente padre e nonno. L'intento: "Siamo nati per far sì che, se qualcuno ha delle responsabilità, se qualcuno poteva agire e non l'ha fatto, se qualcuno ha anteposto chissà quale interesse alla vita di migliaia di persone, egli (o essi) paghi penalmente per le sue azioni e risponda delle sue negligenze. Siamo nati per un bisogno di giustizia e di verità, per dare pace ai nostri morti che non hanno potuto avere una degna sepoltura a seguito della pandemia. Quando tutto questo sarà finito chi ha sbagliato dovrà rispondere alle nostre domande e assumersi le proprie responsabilità. Denunceremo e chiederemo giustizia". In pochi giorni si iscrissero decine di migliaia di persone. Ne nacque un comitato, "Verità e giustizia per le vittime di Covid-19", che raccolse esposti da inoltrare alla magistratura. Il fondatore, Luca Fusco, precisò che il fine non era agire nei confronti di medici, infermieri e operatori sanitari, ma che il loro bersaglio erano amministrazioni e dirigenze, sia pubbliche sia private.

Anche i medici, tuttavia, considerati eroi fino a quel punto, stavano scendendo dal piedistallo su cui erano stati issati per parere unanime. Alcuni di loro se ne stavano accorgendo e cominciava ad affiorare un forte disagio, unito alla rabbia per le condizioni in cui erano costretti a esercitare la loro professione. Come emerge da una lettera che mi inviò alle 3 del mattino del 23 marzo un fuoriclasse della categoria, Roberto Micheli, mio amico e compagno al liceo, neuropsichiatra infantile all'ospedale di Brescia, città dove il virus aveva colpito con la stessa violenza di Bergamo.

Caro Gigi, negli articoli che leggo sui giornali c'è l'afflato umano, la descrizione dell'impegno composto e dell'abnegazione del personale sanitario, le difficoltà oggettive nell'affrontare l'emergenza, come se tutti stessero facendo il loro dovere e molto di più, hic et nunc. Ma, appunto, è una fotografia hic et nunc. Nulla trapela della rabbia che cova sotto i camici bianchi dei medici molti dei quali in burn out lavorativo e tutti fisicamente e psicologicamente provati, ai quali da anni non viene concesso né il pagamento né il recupero delle ore straordinarie (effettuate per la cronica carenza di personale; nel 2015 agli Spedali Civili sono state cancellate dai cartellini di presenza dei medici oltre un milione (!!) di ore straordinarie nel silenzio generale). Non emerge che in molti reparti del Civile/degli Ospedali pubblici i medici sono costretti (in tempi normali, non durante la pandemia) a visitare quattro-cinque pazienti ogni ora; spesso anziani, oncologici o complessi: 12-15 minuti ciascuno, da quando espongono i loro problemi col corredo di una cartella di esami alta così da visionare, a quando si spogliano, vengono visitati, viene redatta una lettera di conclusioni che comprenda diagnosi/prognosi/terapia, si rivestono e... "avanti un altro". Come è possibile che in tali condizioni si richieda ad un medico del tempo (che sarebbe sacrosanto) per un rapporto empatico col paziente? E che si pretenda che non commetta errori? Si continua a produrre lavoro di quantità e qualità (nel 2013 gli Spedali Civili sono stati giudicati da AGENAS il secondo miglior ospedale d'Italia) anche grazie alle centinaia di medici in formazione che vengono forgiati grazie agli investimenti dello Stato (circa 120.000 euro a specializzando), per poi vederseli sottrarre dalle cliniche private che offrono più dei miserevoli contratti libero-professionali a partita IVA che le direzioni degli ospedali pubblici della ricca Lombardia mettono sul piatto: nessun diritto a malattia, maternità, ferie, assicurazione professionale a carico del medico, il tutto all'offensiva cifra di 21 euro/ora lordi. Gente che ha fatto sei anni di Medicina e cinque anni di specialità, e che affronta il lavoro umanamente più impegnativo al mondo per 1500 euro al mese. E se ti ammali sei a casa senza stipendio. Specialisti serviti su un piatto d'oro alla sanità privata.

Non emerge il livore di chi da quindici anni grida che il Servizio sanitario nazionale è malato, che non può più sopportare ulteriori tagli, che non ci sono più anestesisti e infettivologi e pneumologi per l'emergenza semplicemente perché non ne esistono, perché lo Stato non li ha formati per risparmiare soldi, perché contro il numero chiuso a Medicina e nelle specialità noi medici urliamo al vento da quindici anni il rischio (eccolo qui) di finire come l'Inghilterra che ha un sistema sanitario precario perché in primis sta pagando i tagli alla formazione dei medici decisi dalla Thatcher illo tempore.

E non emerge che quando sbagli (e sbagli!) scopri che lo Stato non è "mamma" ma "canaglia", e ti abbandona ipso facto alle tue beghe legali. E non emerge che gli attuali eroi sono i medesimi che fino a un mese fa venivano regolarmente insultati, malmenati e denunciati dagli stessi che ora li chiamano angeli. Insulti e denunce che riprenderanno non appena l'emergenza sarà finita. E non emerge che il contratto fatto appositamente dal Governo (o Regioni?) per l'attuale emergenza è un Co.Co.Co., ancora senza diritto ad assicurazione né malattia, cioè i diritti più elementari. Non emerge che senza tutti i tagli alla sanità degli anni precedenti, durante l'attuale emergenza non avremmo problemi né di posti letto in rianimazione (la Germania ne ha cinque volte più di noi), né di anestesisti/infettivologi/pneumologi (idem), né di respiratori (idem), cioè tutto quanto ci sta mettendo attualmente in ginocchio.

Parte da lontano insomma, carissimo Gigi, la crisi sanitaria attuale. Il coronavirus l'ha solo palesata. E se i medici hanno tollerato con disincanto l'inutilità degli ordini professionali e la collusione dei sindacati di categoria (ben altra forza hanno quelli degli infermieri), è tuttora con livido stupore che non accettiamo una stampa muta, non informata più ancora che non informante. "Finché c'è la salute c'è tutto", recita un proverbio Worldwide. Ma siamo sempre stati sordi ai tagli ai due ministeri più importanti per il nostro presente e il nostro futuro (ti lascio indovinare il secondo). Governo e Regioni hanno finanziato la sanità privata depauperando quella pubblica, così come la scuola privata a svantaggio di quella pubblica. Che siano totalmente private, magari sostenute da assicurazioni. La sanità privata è in attivo non perché non spreca (a differenza di quella pubblica, slogan popolare), ma perché apre solo reparti e ambulatori che diano profitto. Giusto che sia così: uno apre un negozio per averne profitto. La sanità pubblica apre un sacco di reparti e servizi in deficit di default, perché sono indispensabili e devono essere coperti coi soldi delle tasse. L'80% della spesa sanitaria pubblica va a copertura dei malati anziani, cronici, fragili, delle malattie rare, del comparto psico-sociale e riabilitativo: malati che la sanità privata si guarda bene dal prendere in carico, perché non danno profitto ma solo grane organizzative oltre che economiche.

Per stare a me, non esiste un reparto di neuropsichiatria infantile privato in tutta Italia. Non conviene. Sto uscendo dal tema. Ma volevo sottolineare che la criticità attuale ha radici lontane. Eppure una fabbrica di trecento operai che chiude, o il contratto dei metalmeccanici scaduto da due anni occupano le prime pagine dei giornali. Il contratto dei medici rinnovato dopo undici anni (undici!) a condizioni miserevoli non merita neanche un commento. Noi medici proviamo rabbia più che stupore nel pensare che la "malasanità" viene popolarmente associata ai "camici bianchi" quando dall'interno sappiamo bene che è un problema di "colletti bianchi", di "Mala-amministrazione della Sanità".

A un'indagine a questionario anonimo svolta autonomamente dall'Università di Pisa due anni fa sui mille medici degli Spedali Civili, alla domanda se si ritenesse che la direzione dell'ospedale fosse corrotta e/o incapace, il 92% (!!) dei medici aveva risposto "Sì". Invece di sollevare uno scandalo mediatico, la notizia è stata insabbiata.

Noi lavoriamo sapendo che non c'è meritocrazia, ma fino a pochi anni fa avevamo sempre contato, nei periodi di difficoltà, presi come siamo tra l'incudine e il martello, da una parte sul sostegno della direzione (il papà severo ma capace di perdonarti se sei in buona fede), e dall'altra sul rispetto/affetto dei pazienti. Non abbiamo mai cercato soddisfazione nel denaro, credimi; solo una minoran-

za di noi, generalmente quella che lo ottiene nel privato. In Italia i medici fanno curare i propri cari nel pubblico, perché i professionisti migliori sono quasi sempre qui (poche le eccezioni).

Ora che il mondo è cambiato, che è più importante il ruolo socio-economico di quello socio-culturale, noi medici ci troviamo traditi dalla dirigenza (assunti con contratti vergognosi e abbandonati alla prima difficoltà) e insieme attaccati dai pazienti (la denuncia non costa nulla, basta versare poi il 30% di quanto incassato all'avvocato; non possiamo nemmeno contro-denunciare per lite temeraria).

Io e tutti i miei colleghi non ne possiamo più di gente che pretende esami o certificati perché l'ha letto sul web e minaccia di denunciarti se non li assecondi; che urla in TV "Voglio giustizia" quando intende "Voglio vendetta", che tradotto significa "Voglio soldi". Pare che questi siano l'unico lenitivo al dolore di una perdita. Cui segue un'indagine per "omicidio colposo": sapessi quanto ci fa rabbia quest'accusa! Come se avessimo studiato per uccidere delle persone. Bisognerebbe depenalizzare l'atto medico, restando giustamente nel civile (ho sbagliato, pago; ma, siamo seri, non sono da Codice Penale!). Sai che Renzi, due o tre anni fa, ha stimato il valore della medicina difensiva in circa tredici miliardi di euro l'anno? E sai che, incredibilmente, aveva ragione? Sai che non conosco un medico (me compreso) che non si avvalga di esami diagnostici pleonastici, se non inutili o dannosi, per pura medicina difensiva? Che sparirebbe se solo l'errore medico fosse derubricato al Codice Civile (siamo assicurati) anziché al Codice Penale? Scusa tanto lo sfogo. Che tuttavia non vorrei prendessi come personale (me ne sto andando in pensione...), ma riguardante tutta la categoria.

Ci piacerebbe solo che il pueblo conoscesse la verità sui medici, a partire dal fatto che, se sono una casta, sono poco al di sopra dei paria e molto lontano dai bramini.

Che mediamente un medico come me, che ha dedicato la vita alla sua professione nel pubblico, possiede un solo appartamento in condominio (ultima rata del mutuo versata a sessant'anni), un'utilitaria (Polo), non si veste Armani ma si può permettere libri, musica, cinema, teatro e qualche viaggetto (studiando bene le offerte Ryanair). Che attualmente lo stipendio medio di un medico specialista in un grande ospedale pubblico è, tutto compreso, di circa 2500 euro/mese netti a quarantacinque anni di età, dopo dieci-quindici anni di anzianità, che il primo stipendio lo guadagni a trentadue-trentacinque anni, e che devi pagare obbligatoriamente iscrizione all'Ordine dei Medici (170 euro/anno), quota ENPAM (1400 euro/anno) e assicurazione professionale integrativa (per un neuropsichiatra infantile 600-700 euro/anno, per un ginecologo, un chirurgo o un anestesista 10.000-15.000 euro/anno!), non detraibile. Che gli ospedali da almeno dieci anni non finanziano più corsi di aggiornamento (o te li paghi, e costano cari, o ti trovi uno sponsor; e peraltro sei obbligato a farli) e che se per motivi di lavoro (autorizzato, ed è difficile) devi stare in trasferta, hai diritto a massimo 40 euro per il pernottamento e 17 euro per il pasto (ricordi quando dormivamo sui treni o in stazione?). Questa è la "casta" che sta lavorando a schiena curva e rischiando la pelle in questi giorni. Ma ahimè, alla stampa piace raccontare della schiena curva, non di come ci si è arrivati. È un'immagine molto più potente, sebbene in qualche modo falsa. Be', Gigi, ho scritto solo il 10% delle magagne della sanità, del malessere dei medici.

Roby Micheli è sempre stato un primo della classe. Scrupoloso, preparato, serio, sincero. Aveva avuto la possibilità di fare una grande carriera. Aveva sempre rinunciato al privato per rimanere nel pubblico. E nel pubblico rifiutato le promozioni per il corollario di burocrazia che le medaglie si portano dietro. Aveva preferito essere un semplice medico, perché l'unica cosa per lui gratificante era il contatto con i pazienti e teneva più alla qualità della professione che allo stipendio.

Il suo sfogo mi colpì per precisione, razionalità, dolore. Ebbi la sensazione, in seguito confermata, che una lettera simile l'avrebbe potuta scrivere qualunque medico, magari non altrettanto forbita. E che, all'analisi del pregresso, sommasse il valore aggiunto della lungimiranza. Mi venne in mente il Galileo di Brecht: "Sventurata la terra che ha bisogno di eroi". Noi avevamo bisogno di eroi e chiedevamo di recitare la parte a dottori che avrebbero preferito essere normali e scrupolosi professionisti, dotati di adeguate strutture. Dovevano essere "eroi" per ovviare alle carenze del sistema. E chiamandoli eroi il sistema si lavava la coscienza.

Quarta settimana

Il 23 marzo Claudio Cancelli, dopo due tamponi negativi, uscì dalla quarantena e si avventurò in una Nembro che non riconosceva. Scese da via Borgogno, infilò via Ronchetti, svoltò in via Papa Giovanni, e raggiunse il suo ufficio in piazza della Libertà. Aveva bisogno di farsi vedere dagli sparuti passanti, dai dipendenti comunali, per lanciare il messaggio: sono qui. Aprì la finestra accanto alla scrivania, da dove si domina la piazza, per cambiare l'aria e guardare fuori. La banca era aperta e non c'era nessuno. Il panificio di Salvatore era aperto, ma c'erano poche persone. L'ufficio postale uguale: «Solo verso aprile ci sarebbero stati più clienti, per il ritiro dei pacchi Amazon, e mi chiesi perché si dovesse andare lì e non si facessero consegne a domicilio, ma comunque fu uno dei primi segni di ripresa». Mancava, soprattutto, il frastuono garrulo dei bambini delle scuole elementari durante la ricreazione o all'uscita/entrata nelle aule. Cancelli riprese la consuetudine temporaneamente abbandonata delle conversazioni con un gruppo di pensionati seduti sulle panchine, per lui da sempre occasione per immergersi nei problemi reali dei suoi amministrati. «Ah, e poi c'era il Gianni Bergamelli che girava sempre e dappertutto.»

Il Gianni Bergamelli è la personificazione dell'inno alla vita, con il suo immancabile cappello a tesa larga, gli occhiali da sole, la barba curata. Nella primavera del 2020 veleggiava verso i novant'anni, pur dimostrandone meno di settanta, e non aveva nessuna intenzione di farsi rubare una stagione, ma nemmeno un mese, ma nemmeno un giorno, da un, per lui insignificante, virus. Un artista eclettico, il Gianni, pittore e musicista di fama internazionale. Sul suo sito ufficiale ci sono alcune dichiarazioni-omaggio che lo rappresentano. Ne scelgo alcune tra le più significative. Beppe Viola, indimenticato giornalista, scrittore, umorista: "Dell'amico Gianni Bergamelli apprezzo il modo di vivere l'arte. Ironia, disincanto e umorismo volutamente triste. Che lo colloca nel ristretto mondo degli 'artisti' e lo distingue dai monotoni e stucchevoli intellettuali impegnati". Ernesto Treccani, pittore e figlio del fondatore dell'enciclopedia: "Produce artisticità a un livello che non può non interessarci moltissimo". Vittorio Feltri, giornalista: "Gli uomini di valore non hanno l'automobile, non guidano. I migliori non hanno nemmeno la patente. Passeggiano vagabondando. Evitano di accumulare troppi appuntamenti, gliene basta uno, due al massimo. Hanno tempi lunghi, mediorientali. Hanno piedi felpati ... Sono rimasti in pochi quelli che non hanno l'auto, pochissimi senza patente. Tu, Gianni, sei una rarità. Conservati. C'è bisogno di qualcuno che veda per noi, ascolti per noi, viva per noi: gli artisti".

Nemmeno il Covid poteva fermare il "passeggiare vagabondando" del Gianni. E non deve stupire l'apprendere che il nutrimento dell'artista, il suo vedere, ascoltare, vivere, sta ristretto nel perimetro di Nembro, ad avvalorare il detto secondo il quale chi conosce alla perfezione il suo metro quadrato conosce il mondo intero. Lo ha attraversato il pianeta, Gianni, per le mostre e i concerti, ma la sua linfa, il suo volo pindarico, parte da via Valcossera, dove abita, si snoda lungo il budello di Nembro, e arriva al Caffè Centrale, dove lo si può incontrare, ogni giorno, immancabilmente, poco prima di pranzo. C'erano fotografi che raggiungevano Nembro durante la pandemia e poi mi telefonavano chiedendomi un favore: «Sulla piazza davanti alla chiesa ho ritratto un uomo col cappello. Ti posso mandare la fotografia e mi dici chi è, per la didascalia?». Rispondevo: «Non mandarmi la foto, so chi è».

Ho la stessa età di Sonia, la figlia maggiore di Gianni Bergamelli, per questo ho frequentato casa sua da ragazzo. Un provinciale, nell'accezione migliore del termine. Sapeva stare in città, in una metropoli, succhiare il meglio dell'urbanità e travasarlo nella sua dimensione. Aveva cominciato suonando il pianoforte nei night club e la fama lo aveva portato su su fino a Berlino, dove una spogliarellista ballava nuda accanto al suo strumento. Roba forte per i tempi, favolosi anni Sessanta. A Milano se lo contendevano, «ma io non ho mai avuto voglia di abitare altrove, in un posto che non fosse Nembro». In paese «è come avere addosso un cappotto, ti senti le spalle protette dalla gente che vedi, sei a tuo agio. In città sei anonimo, non incontri nessuno che abbia uno sguardo che comunica». Per concludere: «Io ho bisogno tutti i giorni di andare in piazza, sedermi sulla panchina e vedere Nembro che mi gira attorno. Sono felice così».

Forse non si ha bisogno di città quando è la città che ti cerca e tu puoi scegliere. Scegliere di andare e tornare. E quando torni, dopo che ti hanno visto in televisione, letto sui giornali, ti chiedono: «E allora raccontaci di Parigi, di Londra, di Berlino». E tu sei lì, modello ed esempio, e parti quando vuoi, con il tuo autobus, il tuo treno, senza automobile, e sai che quel treno o quell'autobus ti riporteranno indietro. Sai che come Nembro è per te una certezza tu sei una certezza per Nembro. E in pandemia, soprattutto in pandemia, sei una presenza che infonde fiducia. «Uscivo tre volte al giorno per comprare il giornale, prendere il pane, bere il caffè, andare in farmacia. Avevo studiato un percorso, un anello di ottocento metri attorno a casa, perché di più non si poteva, e lo ripetevo sette volte. All'inizio andavo nel bosco, poi hanno proibito anche il bosco, ma in sostanza camminavo almeno sei chilometri al giorno.» Un elisir di benessere, se poi tutti si stupiscono: «Ma come fai, a quasi novant'anni, a essere così in forma che sembri mio figlio?», e sei il ritratto della salute quando la salute è una chimera. «Io il pericolo l'ho percepito dopo un po', dopo alcuni morti. Alla camera mortuaria del Mauro Lazzaroni mi ha portato la Sonia e diceva "Stai attento" e io indifferente ho abbracciato sua moglie. Poi il Sandrino Barcella, mi sono dato da fare perché fosse ricoverato, e quando era su al Piario mi ha chiamato e mi ha detto: "So in d'ona gabbia de mac", sono in una gabbia di matti, ho capito che se ne stava andando. Ma non volevo rinunciare alle mie abitudini, talvolta non mettevo nemmeno la mascherina.»

Lo perdonavano per questa mancanza di prudenza. Per forza, è il Bergamelli.

Siccome esistono le affinità elettive, ce n'era un altro come lui, meno appariscente, ma non meno sregolato e non meno famoso, il Gianluigi Trovesi, sassofonista, clarinettista, compositore, uno dei padri del nostro jazz, insignito dal presidente Ciampi del titolo di Ufficiale della Repubblica italiana per meriti artistici. Con il Bergamelli si sentivano ogni giorno. «Come ala?» «So amo if.» Come va? Sono ancora vivo. E seguiva appuntamento per quelle scorribande nella Nembro deserta. «Eravamo uno scandalo, ma non ci importava...»

Due generazioni diverse. Il Gianni del '30, il Gianluigi del '44. Il Gianni era amico del padre del Gianluigi perché suonavano nello stesso quartetto. Gianluigi già all'età di quattro anni si univa ai più grandi, doveva stare in piedi per pestare le bacchette sui tamburi della batteria. La musica nel sangue, scesa per li rami con il DNA. «Quelli del quartetto sono stati il mio primo conservatorio. Gli davo del "voi", neanche del "lei", solo dopo il Sessantotto ci si è cominciati a dare del "tu". E il tu a Bergamelli l'ho dato quando avevo già quarant'anni.» Fece le scuole commerciali, andò a bottega da un geometra. Quando passava la banda al paese era come un richiamo del pifferaio magico e si offrì di suonare il clarinetto. Lo spinsero ad andare a studiare dal maestro Tassis. Quarantaquattro ore di lavoro settimanali, più tre pomeriggi a provare i solfeggi. «Era così per tutti, non ero un'eccezione, non mi lamento.»

Il secondo conservatorio di colui che diventerà un astro del jazz fu la balera. «Si imparava così, ora magari hai quattro diplomi ma non hai mai suonato in pubblico, e c'era un indotto economico mica male. Per il veglione di un ultimo dell'anno a Selvino mi diedero ventimila lire, quello che guadagnavo in un mese dal geometra.» Il necessario per pagarsi il conservatorio vero, sette anni di clarinetto, sei di composizione e l'abilitazione a insegnare nelle scuole medie. Gianni Bergamelli lo chiamò nel suo nuovo gruppo, i Diavoli rossi, repertorio di canzonette per sale da ballo. Andavano forte allora i night club, ci suonavano Buscaglione, Carosone... e la Bergamelli band. E fu così che anche Gianluigi Trovesi assistette al suo primo spogliarello, «ma con le coppette a coprire i capezzoli». E a cascata dello spogliarello, il jazz. «Nei film, appena appariva, il sax contralto era accompagnato da una gamba di donna: pensai fosse lo strumento adatto a me.» Un amore. Vinse il concorso nazionale per primo clarinetto e sax alto solista dell'Orchestra della Rai di Milano. Poi i trionfi mondiali, e ci vorrebbe un libro intero per darne conto. È un infedele, Gianluigi, si innamora del free jazz ma poi lo lascia, sperimenta, contamina generi, mischia il Medioevo con la post-modernità. Approda a uno stile tutto suo: «La cosa più bella se suoni è che il pubblico ti riconosca d'acchito perché hai un timbro inconfondibile».

Infedele nella musica, fedele solo a Nembro. «Anche quando ero in Rai facevo il pendolare avanti e indietro tutti i giorni. Per me le ferie sono andare al bar a discutere, litigare con i milanisti come Gianni Bergamelli, o con gli interisti, io che sono juventino. Il bar è una seconda casa. Io, quando sono insonne alle quattro del mattino, mi siedo sulla panchina del bar e aspetto che aprano, e mi sembra di fare una seduta di psicanalisi. Comincia la commedia umana. C'era il prete, il don Michele, che litigava con i comunisti come don Camillo con Peppone. Una volta si è presentato il Franco Gaster Carrara, quello dell'autoscuola, con un rolex pazzesco. E noi: "Cosa fai, cretino, con quell'orologio?". Lui tutto fiero: "È bello, no?". E noi: "Ma come bello! È quello dei magnaccia, dei protettori delle puttane". Lo ha lasciato a casa e non l'ha mai più messo al polso.»

Come sono uguali dovunque le dinamiche dei rapporti. Nessuno è signore per il suo maggiordomo, tutti sono nudi davanti agli amici stretti, quelli dell'infanzia e dell'adolescenza. Nella Sarajevo assediata mi raccontarono questo aneddoto. Al bar arrivò un giorno Emir Kusturica, il regista, e si sedette al tavolo dove alcuni della sua *raja*, la sua banda – Zlatko Dizdarević, il direttore del giornale cittadino, e Srdjan Dizdarević, il diplomatico –, stavano giocando a carte. Salutò, lo salutarono, e continuarono con il poker. Silenzio. Lui non si teneva nella pelle. «Sono appena tornato da Cannes, ho vinto la Palma d'oro.» Srdjan Dizdarević, con gesto studiato e lento, mise una mano nella tasca, estrasse una manciata di dinari e glieli diede: «Bravo, adesso vai a comprarci le sigarette».

Gianluigi Trovesi cercava, nella Nembro assediata dal virus, lo stesso disincantato calore che lo rendesse, lui star mondiale, simile ai suoi simili, accomunato nello stesso destino di mortale che cerca di cavarsela sentendo la protezione del paese, «che è radice, latte materno, tutto». Non è mai stato in casa più di ventiquattr'ore e quando c'era studiava musica con l'ingordigia di un analfabeta di ritorno, come per rieducarsi. Rileggeva, anche, la grammatica delle scuole medie. Il bisogno di paese lo proiettava fuori a bighellonare, più spesso col Gianni, talvolta solo, ad annusare gli odori, scrutare i rari passanti. La domenica, poi, era «come nella canzone *Azzurro* di Adriano Celentano, non un'anima con cui scambiare due chiacchiere. E però che incanto il suono delle acque del Serio che scorre, di solito cancellato dal troppo rumore».

Come una piuma trasportata dal vento dei fatti, si lasciava trascinare cercando di non cadere per terra. E, per paradosso, più ne morivano più si sentiva immune rispetto alla morte. «In tempi normali la morte è un evento, fa impressione. Se c'è un lutto la gente va in visita, se è in moto la spegne a una certa distanza per non disturbare il defunto. Ma nella pandemia è diverso. Dopo i primi non ci si stupisce più. "Ostia, l'è mort", cavoli è morto, e si va avanti. Di conoscenti ne sono mancati tanti. È morto il Giulio Bonomi, uno che ha sempre coltivato l'idea di sinistra sapendo di perdere 6-0. 6-0, ma la difendeva a tutti i costi. È morto il Sandrino Barcella, amico se ce n'è uno. Aveva un furgone, un Ford Transit, e mi portava in tournée, Francia, Inghilterra. Si lamentava perché pensava di trovare le *groupies* dei gruppi rock, e invece con la musica che facevamo noi all'epoca, il free jazz, capì che non c'era niente da fare, di ragazze non ne spuntavano. Era anche il mio braccio destro, il braccio tecnologico che a me manca perché sono ignorante. Lui metteva le musiche nel computer, le stampava e le dava a me e al Gianni. Io mi sentivo come un personaggio dell'Ottocento che andava dal prete a dettargli la lettera.»

Il Trovesi, il Bergamelli. Ma anche il Cancelli, il don Matteo, il Salvatore, la José, la Lina, il Flavio, il Carlo, la Carla, la Marina, tanti altri. Nembro era come un pugile incassatore che avanzava a guardia bassa aspettando il momento che finisse la gragnuola di colpi, facendo affidamento sulla capacità di resistenza degli addominali, dei pettorali, della testa, soprattutto della testa. Un Mohammed Ali davanti a George Foreman, un Rocky Balboa che con gli occhi tumefatti, il sangue che scorre sul viso, ripete all'avversario "Non mi hai messo giù, non mi hai buttato al tappeto".

Il 24 marzo apparve una fiammella lontana e tremolante, ma pur sempre una fiammella, a rischiarare il buio fitto, a indicare una direzione.

«Ciao Gigi, sono Marina.»

«Ohi Marina, come va?»

«Siamo sul plateau.»

«Davvero?»

«Sì, la curva si è appiattita.»

«Significa che è finita?»

«Eh adesso! Non correre. È un buon segnale. Significa che il confinamento funziona, produce risultati. Nei prossimi giorni la curva dovrebbe scendere. Se i miei calcoli sono esatti.»

I calcoli erano esatti. Ma le statistiche generali non tengono conto dei drammi individuali. La piccola euforia di Marina si sarebbe trasformata in poche ore in lucida disperazione.

«Pronto Gigi, sono io.» (La voce non prometteva nulla di buono.)

«Che è successo, Marina?»

«Daniele sta malissimo.»

«Come!?»

«È sdraiato sul divano semincosciente, dorme sempre, la saturazione è bassa, ha febbre alta, quasi quaranta, delira.»

«È Covid, ovvio.»

«Sì, è Covid. Ho chiamato la dottoressa Bettini. Mi ha dato una cura.»

«Che cura?»

«Pantoprazolo la mattina prima di colazione. A mezzogiorno azitromicina, la sera una puntura di Rocefin. Più i fermenti lattici. E Tachipirina 1000 ogni otto ore.»

«Per me è arabo.»

«L'azitromicina e il Rocefin sono antibiotici. Il pantoprazolo è un gastro-protettore.»

«E li hanno sperimentati, funzionano?»

«Gli antibiotici abbinati dovrebbero... Ora ti lascio, ti volevo avvertire.»

«Sì, Marina, ma fammi sapere.»

L'indomani.

«Marina, allora? Non tenermi in ansia.»

«Sono venuti i tecnici di diagnostica domiciliare e gli hanno fatto una radiografia al torace. È polmonite interstiziale...»

«Oh, Madonna. E ora che fai?»

«Non lo so, Gigi. Daniele, nel delirio, mi ha scongiurato di non mandarlo in ospedale, che se deve morire preferisce sia qui a casa. Gliel'ho promesso. Del resto mi hanno detto quelli dell'ambulanza che non sanno dove andrebbe a finire, in un ospedale dove c'è posto ma non sanno quale. Ho paura, Gigi. E se ho fatto la scelta sbagliata? Non me lo potrei mai perdonare.»

«Marina, tu sei in grado di mettere in piedi una terapia intensiva in casa, ce la farai, Daniele ce la farà, sono sicuro.»

«Beato te che sei sicuro... Ho accompagnato gli infermieri al cancello di casa e c'erano dei fotografi che hanno cominciato a scattare. Adesso seguono le ambulanze per trovare le notizie. Nemmeno un po' di privacy, nemmeno in queste condizioni ci lasciano in pace. Mi sono incazzata e li ho mandati via. C'era anche Andrea, nostro figlio, e anche lui si è messo a urlare.»

«Marina, loro fanno il loro lavoro, ma tu e Andrea avete fatto bene, in un momento così. Dai, ti ripeto, ce la farà.»

Abbassai la cornetta, mi alzai dalla sedia, uscii all'aria aperta e mi misi a piangere. Per la prima volta piansi lacrime irrefrenabili.

Daniele è mio coetaneo, classe 1959. All'età di diciassette anni perse suo padre Tomaso, che ne aveva quarantasette. Stavano giocando nel salotto di casa, si tiravano i cuscini, quando il padre si accasciò sulla poltrona. Infarto. Daniele aveva evinto da quel trauma che anche lui sarebbe morto giovane. E, valicati i quarantasette, ripeteva sempre che comunque era già campato più di suo padre. Era arrivato quasi a sessantuno e non doveva, no, non doveva farci questo scherzo. Lo conosco talmente bene che immaginai i suoi pensieri in quel delirio semicosciente. Stava sicuramente dicendo a se stesso che quello che doveva fare l'aveva fatto e se gli toccava di andarsene pazienza, a suo padre era andata peggio. Ripassai i momenti vissuti con lui, l'amico di sempre.

Daniele Filisetti comparve nella mia vita all'età di otto anni. Terza elementare. La maestra Elena Arcuri ci presentò il nostro nuovo compagno. Veniva da un paese dell'Alta Valle Seriana, Ponte Nossa. Aveva modi e un'educazione urbani, quasi da incutere soggezione in noi villici. Si sa come funziona l'iniziazione nelle bande di ragazzini. Le prove di virilità erano le capacità sportive. Prima che arrivasse, il più versato negli sport era il Giampietro, con cui sarebbe sorta una inevitabile rivalità. Daniele aveva preso casa davanti al Dancing Europa, fra la sua terrazza e la mia ci si poteva dare di voce. Invitò me e il Giampietro per una partita di pallacanestro nel suo garage. Con la supponenza dei bulli, pensavamo di batterlo: ci fece a pezzi. E il basket non era nemmeno il suo sport, eccelleva nel calcio. Formammo una squadra, la chiamammo Porsche, maglietta bianca con una P di nastro adesivo nero incollata sopra: era quanto potevamo permetterci. Il capitano era Giampietro, goleador raffinato e di buona tecnica. Daniele stava a centrocampo, dove dominava grazie al suo strapotere atletico.

Già nella pre-adolescenza mostrava una propensione smodata per il sesso che non lo avrebbe più abbandonato, e ne andava fiero. Nella sua cantina trovammo dei giornalini pornografici svedesi di suo padre Tomaso, era il nostro tesoro, altro che i fumetti italiani che compravamo di nascosto in edicola. Custodivamo quel segreto e invitavamo a condividerne con noi la lettura i compagni più meritevoli e più capaci di tenere la bocca chiusa.

Alle medie i nostri destini si divisero. Io alle scuole del paese, lui alle Petteni di Bergamo per avere una formazione migliore. Nessuna sorpresa quando dalla David Nembro passò all'Atalanta. Un osservatore lo aveva segnalato e il settore giovanile della Dea non se lo era lasciato scappare. Campione d'Italia con gli allievi nel ruolo oggi in disuso di libero. Un successo scontato con le ragazze. E una disciplina ferrea. Il sabato sera noi a divertirci e lui a letto alle 21 perché la domenica aveva la partita. Alle feste era l'unico che non fumava e non beveva: il vino sarebbe stata una passione da adulto. Voleva arrivare, Daniele. O meglio, come mi disse una volta, voleva «diventare bravo in quello che faccio», per questo ce la metteva tutta. Una frase semplice all'apparenza. Decisiva però, almeno per me, perché mi è sempre rimbombata nelle orecchie come una rivelazione, diventando un credo. E lui sa quanto lo ringrazio per questo. Non era la carriera lo scopo, era "diventare bravo": il riflesso dell'educazione alla meritocrazia che è propria dello sport. Nel 1976 morì suo padre e si ritrovò capofamiglia, una grande responsabilità. Fu il primo del gruppo di amici a prendere la patente e l'automobile ereditata, una Fiat 124, fu il nostro passaggio all'età adulta. Poco dopo conobbe Marina e fu per sempre.

Nell'estate del 1979 io ero stato assunto al "Giornale di Bergamo", lui convocato per la preparazione estiva dell'Atalanta. Decidemmo di festeggiare con una mini-vacanza i nostri successi professionali. Andammo a Igea Marina, in tenda, al camping Riccardo. A qualche centinaio di metri alcuni suoi colleghi calciatori e miei colleghi giornalisti erano alloggiati nell'hotel di Antonio Cabrini. Ci avevano invitato a stare con loro, non ce lo potevamo permettere, non eravamo tirchi, era parsimonia nembrese, per noi un segno di distinzione. E bastava la tenda per essere felici.

Daniele era aggregato alla prima squadra, poche chance di giocare, pensava, perché aveva "due piedi come due ferri da stiro", nessuna tecnica e fisico dominante. L'allenatore Titta Rota lo spostò terzino e lo mise in campo, titolare alla prima di campionato a Bari, un premio alla sua dedizione assoluta. Il 7 ottobre 1979, quarta giornata, stavo ascoltando "Tutto il calcio minuto per minuto" quando ci fu l'irruzione di un radiocronista: «Scusa Ameri, Atalanta in vantaggio a Pistoia al 41°, gol di Filisetti». Aveva due piedi come due ferri da stiro e aveva segnato di testa, in tuffo. Una gioia infinita. E la doccia fredda. «Filisetti, infortunato, non è rientrato nel secondo tempo.» Che si sarà fatto? Niente, non si era fatto niente. Dopo la rete gli venne in mente il padre, avrebbe voluto che fosse lì, lo attraversò un turbinio di emozioni che gli paralizzarono le gambe e chiese il cambio.

In una partita in cui marcò Bruno Giordano e fu talmente scrupoloso da non abbandonarlo nemmeno mentre rientravano negli spogliatoi, si guadagnò la stima del centravanti della Lazio che pretese il suo acquisto. Nel novembre del 1983, dalla sera alla mattina, partì per Roma. Subito in campo contro il Milan a San Siro (Milan-Lazio 4-1). Gli inviati dei giornali dettarono i pezzi al telefono: «Ha esordito in Serie A Daniele Filisetti di Nembro, attenzione, Nembro, "N" come Napoli». C'era il rischio di scivolare nel volgare.

Aveva una 131 Mirafiori, gli imposero una Mercedes e abiti firmati, così com'era non era degno dello status della Lazio. Conduceva, Daniele, una vita scissa. I compagni di squadra inneggiavano al duce, tutti gli amici e la fidanzata non ancora moglie erano di sinistra. Si barcamenava, ma dentro era sempre uguale. La sua casa di via san Godenzo divenne la base per la nostra scoperta della Capitale.

Al terzino arcigno Daniele Filisetti gli allenatori fecero marcare i top dell'epoca: Maradona, Rummenigge, Zico, Platini, Paolo Rossi. Ci sono fotografie che lo immortalano mentre salta, con gli avversari che gli arrivano alla cintola. Il ragazzo che voleva diventare bravo ce l'aveva fatta affinando le doti che aveva, l'energia straripante, le cosce da centometrista. E dei suoi difetti sapeva ridere. Durante una partita a scopo benefico lo misero in squadra con Maradona e non si è mai capacitato di quanto successe: «Maradona mi ha chiesto l'uno-due, il triangolo non è riuscito e mi ha domandato scusa. Ma ti rendi conto? Lui a me!». Alla Lazio, tuttavia, non furono tutte rose e fiori. Arrivò mister Lorenzo, che coltivava il piacere di umiliarlo. Lo svegliava alle 4 del mattino per fargli rincorrere le galline sul litorale dove la squadra era in ritiro: «Per vedere se sei pronto e scattante». Episodi che sono entrati nella mitologia della pazza squadra di quegli anni. Terminò la carriera tra Venezia e l'Alzano Virescit. A trentaquattro anni disse basta, mise su uno studio odontotecnico per far fruttare il diploma che aveva conquistato a suo tempo. Tornò a Nembro nella casa di via dei Vitalba, verso lo Zuccarello, acquistata con i soldi guadagnati con il calcio. Non aveva rimpianti per non essere rimasto nel mondo dorato del pallone, poteva finalmente concedersi qualcosa di diverso da bistecca e insalata. In televisione però non si perdeva un match. Vederlo con lui era uno spasso e una frustrazione, dopo quindici minuti pronosticava come sarebbe andata a finire e molto raramente sbagliava.

Quel corpo così vitale, così esageratamente esuberante anche quando era diventato pingue, lo immaginavo ora disteso e inerme e concludevo che non poteva essere, non poteva finire per un diavolo microscopico che lo aveva attaccato. Eppure il diavolo microscopico era capace di devastazioni letali e niente era scontato. Per questo piansi.

Marina lottò per il suo uomo cercando di tenere a bada l'emotività con la lucidità della scienziata quale era. Si consultò, oltre che con Clara Bettini, con Giuseppe Remuzzi, il direttore dell'Istituto Mario Negri, con Norberto Perico, il vicino di casa cognato del sindaco Cancelli e collega del Negri, con il dottor Paraskevas Iatropoulos. Soprattutto con il professor Fredy Suter, ex primario dell'Unità malattie infettive dell'ospedale di Bergamo, il quale aveva messo a punto un metodo per curare a casa i pazienti Covid e che le consigliò un cortisonico. Marina cercò su Internet tutte le pubblicazioni già note sulla materia, comprese quelle cinesi. Trovò i farmaci, e non era complicato, trovò le bombole d'ossigeno, ed era un'impresa. Fu, alfine, l'infermiera-dottoressa.

«Pronto Marina, scusa se ti disturbo, ma volevo chiederti se ci sono notizie...»

«Gigi, scusami tu, ma come ti puoi immaginare sono un po' presa.»

«Non ti voglio trattenere, dammi solo il titolo.»

«Siamo qua, Gigi. Daniele rifiuta il cibo e sai che è un pessimo segno, dice che l'acqua sa di metallo. Mi hanno consigliato di contare i respiri al minuto. Venti è la normalità, sopra i 25 c'è da preoccuparsi. È arrivato a 28.»

«E cosa significa?»

«Che nonostante sia attaccato all'ossigeno, e ne succhia sei litri all'ora, non gli basta. Stanotte sono stata sempre sveglia a contare. Sono distrutta, ma pazienza. Il problema non sono io, è lui.»

«Eh, lo capisco. Inutile chiederti se secondo te ce la fa.»

«Non lo so, davvero non lo so. Stamattina mi sono spaventata. Doveva andare in bagno, gli ho staccato l'ossigeno ed è caduto per terra senza riuscire ad arrivare alla toilette. Mi sono detta "Mamma mia, mi muore qui". Per fortuna ho trovato una bombola più piccola, in modo da poterla trascinare se si deve muovere.»

«Ma spiegami cosa succede ai polmoni con questo virus.»

«Daniele ha una polmonite interstiziale. In questi casi il parenchima diventa molto rigido e il polmone fatica a espandersi, compromettendo gli scambi gassosi.»

«Capisco solo che è un gran casino.»

«Ecco, questa è la sintesi. Daniele delira, fa dei discorsi che... che... che... non vorrei mai sentire.»

«Per esempio?»

«Mi ha dato le istruzioni su cosa fare se muore, dove sono i soldi che lascia, su quale conto corrente. E la cosa più inquietante è che lo dice con una tranquillità, una serenità, come se non parlasse di se stesso. È come se dicesse "Pota, se deve succedere, succeda, cosa ci posso fare".»

«Marina, sai che non mi sorprende? Lo conosco. Ma ce la farà. È da quando ha compiuto i quarantasette che ripete la stessa storia, che ha già campato a sufficienza. Ma ce la farà.»

Non avevo nessun motivo per sostenere la mia convinzione, se non un atto di fede. Mi tappavo le orecchie quando sentivo la teoria secondo la quale, e per paradosso, gli atleti erano addirittura più a rischio dei sedentari. Mi sembrava una favola, come quella dei fumatori che hanno i polmoni più protetti dalla nicotina. Pazzia. Ma ogni pazzia pareva avere diritto di cittadinanza, perché la scienza non dava risposte esaustive. E non le dava perché non le poteva avere. La scienza non è l'arte della certezza ma del dubbio, procede per sperimentazioni. E solo dopo molte verifiche emette il suo responso. Il Covid-19 era ancora lontano dall'essere efficacemente studiato.

La notizia che Daniele stava male, molto male, si diffuse rapidamente. Con gli amici più intimi ci demmo la regola di disturbare Marina solo lo stretto necessario. Volevamo sapere, ma non volevamo essere invadenti, volevamo essere di conforto per lei, ma temevamo di risultare una scocciatura, chiamata com'era alla sua impresa più importante, per la quale stava profondendo ogni energia. Le ore senza notizie, però, erano interminabili. Passeggiavo nervosamente avanti e indietro nella mia stanza, trattenendo a fatica l'impulso di afferrare la cornetta e chiamare.

Il più crudele dei mesi aveva in serbo, però, l'ultima notte, prima di lasciare spazio ad aprile, un lascito che attenuasse, almeno per me, il suo lugubre ricordo.

«Pronto Gigi, Daniele stanotte ha avuto la tempesta citochinica.»

«La che?»

«La tempesta citochinica. Ha sudato tutta la notte, ha bagnato tre magliette, le lenzuola. Ma erano proprio zuppe, eh.»

«È un bene, no?»

«Dipende. La tempesta citochinica è una risposta immunitaria fuori controllo. Significa che o muore o guarisce.»

«Dal tono della tua voce pare che tu propenda per la seconda.»

«Propendo, ma non ne sono sicura. In realtà ho ancora molta paura.»

La paura denunciata era prudenza. In cuor suo, Marina sapeva di avere vinto. Ne ebbe la conferma qualche ora dopo, quando Daniele si alzò, scese le scale, le si presentò in cucina e ordinò il pranzo: «Voglio polenta, coniglio e una bottiglia di Brunello di Montalcino». Il suo piatto e uno dei suoi vini preferiti. Unica accortezza, si rimise a letto per mangiare e bere. Era guarito. Finalmente potevo sentire la sua voce.

«Dani...»

«Sono ancora qua...»

«Grazie a Dio! Che sospiro di sollievo...»

«Ma cosa è successo? Io non mi ricordo nulla. So solo che mia moglie mi ha salvato la vita.»

«Ma dai, non ricordi niente davvero?»

«Te lo giuro, Gigi. Cose vaghe. Che ero stanco, che volevo solo dormire. Marina mi ha detto che deliravo ma io non so, boh.»

«E quando ti sei ripreso hai chiesto il Brunello.»

«Pota, dovevo festeggiare, e cosa di meglio? E poi sono dimagrito, posso permettermelo.»

«Quanti chili hai perso?»

«Tredici. Ho fatto la dieta.»

Marina avrebbe concluso, ripensando a quei giorni e a quelle notti, che era stato il cortisone la medicina decisiva, quella che aveva impedito il decesso, quella che aveva fermato a 164 il numero dei morti di Nembro nel mese di marzo, evitato che Daniele fosse il numero 165.

Dopo, niente è più lo stesso (o no?)

L'atleta Daniele Filisetti aveva da poco brindato con il Brunello di Montalcino al suo ritorno tra i coscienti, quando, a una cinquantina di chilometri di distanza, all'ospedale di Lecco, l'atleta Marino Signori esalava l'ultimo respiro. A differenza di Daniele, fiaccato da due interventi alle anche, Marino atleta era rimasto sino all'ultimo. Aveva un anno più di noi ed era, per distacco, il miglior portiere della nostra generazione. Aveva appeso ventenne i guantoni al chiodo dopo aver difeso i colori dell'Albinese, campionato di Promozione, per dedicarsi totalmente agli studi universitari di medicina. Senza trascurare di aiutare i genitori e la sorella Erica nel negozio di fiori di via Garibaldi. Lo sci e il ciclismo avevano sostituito il calcio tra le sue passioni. Era talmente allenato, anche verso la sessantina, da correre la Gran Fondo internazionale Felice Gimondi, 162 chilometri e sette colli da scalare. Non beveva, non fumava, il suo salutismo era tale da non ammettere alcuna deroga, nemmeno a tavola. Il dottor Giuseppe Marzulli ricorda i patimenti nell'andare in mensa con lui all'ospedale di Alzano, perché lo costringeva a nutrirsi solo di verdure: «Lo minacciai più volte che avrei scelto altri commensali a causa del suo assolutismo. Aveva un carattere difficile, ma era un professionista eccellente. E un fisico che io non avevo mai avuto nemmeno a vent'anni».

Da responsabile di medicina del lavoro della Asst Bergamo Est lo si trovava ovunque. A Seriate, nel nosocomio principale, nei ricoveri, all'ospedale di Alzano, dove si presentò, anche se non era certo suo compito, la mattina del 24 febbraio, dopo l'allarme per i primi due casi. Voleva rendersi utile, probabilmente da subito contrasse il virus. Si isolò in casa, avvertendo i familiari, la mamma Giuseppina, la moglie Roberta, le figlie Clara e Simona, che avrebbe potuto essere contagioso. Peggiorò, finì in ospedale, si riprese, infine la ricaduta fatale. Nessuno ci voleva credere. Il Marino? Uno così in forma? Il Marino, sì. Sembrava un pesce d'aprile di cattivo gusto, invece era tutto vero.

Aprile, il più crudele dei mesi per Thomas Stearns Eliot, si presentò in questo modo funesto. Eppure cominciava a farsi largo, netta, la sensazione che qualcosa fosse cambiato. Da alcuni giorni l'anagrafe registrava un andamento decrescente nel conteggio delle vittime, tre, due al giorno. Numeri sempre alti rispetto alla media, e tuttavia non paragonabili alla doppia cifra che era stata raggiunta all'apice, attorno alle Idi di marzo. Scottati dai precedenti, i nembresi non si avventuravano in previsioni favorevoli, che però coltivavano nel cuore.

Marina validò la percezione il 4 di aprile.

«Gigi, sta scendendo, dopo dieci giorni di plateau la curva punta verso il basso.»

«Finalmente.»

«Eh sì, è una gran cosa. Del resto doveva succedere prima o poi, va così in tutte le pandemie.»

«Quanto impiega a scendere in modo corposo?»

«Dipende, naturalmente. Ci stiamo, generalmente, comportando bene, dunque...»

Oltre al confinamento, la stagione che si apriva al caldo avrebbe dato una mano. Non era ancora il caso di abbassare la guardia, ma cresceva la voglia di dopo. E, assieme alla voglia di dopo, i nembresi scoprirono l'utilità di ricorrere allo psicologo. Una prassi che non era così diffusa in una comunità dove i problemi pratici avevano sempre avuto la precedenza su quelli della mente. Anzi, quelli della mente erano considerati non-problemi, fisime da borghesia annoiata, dunque trascurabili. E il mestiere dello psicologo un prodotto della modernità, della pancia piena, un lucrare su trascurabili paranoie, come dimostravano i film di Woody Allen. Le persone "vere" non ne provavano il bisogno perché capaci di analizzarsi da sole, senza alcun aiuto esterno.

Questo atteggiamento radicale di rifiuto, già in parte abbandonato in tempi recenti, subì un ulteriore duro colpo dal coronavirus. Sempre più persone conclusero che non ce l'avrebbero mai fatta a superare lo choc di familiari scomparsi dalla sera alla mattina, dove scomparsi non significava semplicemente "morti" ma proprio scomparsi e finiti chissà dove. Gli psicologi ebbero un'impennata di prenotazioni tale da faticare a soddisfare le richieste. Tra loro, Stefania Bonomi, che si trovò costretta a utilizzare a Nembro una terapia già sperimentata in Africa, al confine tra Siria e Turchia, in Giordania. Il presupposto era l'assimilazione di quanto stavano provando i suoi compaesani con i disturbi post-traumatici da stress propri delle guerre. La tecnica che ritenne di applicare è nota con l'acronimo EMDR, Eye Movement Desensitization and Reprocessing, ed è stata messa a punto da Francine Shapiro, una psicologa americana deceduta nel 2019. Stefania Bonomi me ne parlò con l'entusiasmo di chi credeva ciecamente in quel rimedio.

Partendo dall'inizio.

Francine Shapiro, mentre passeggiava in un parco durante gli anni di dottorato, osservò che il movimento degli occhi da destra a sinistra, agevolando lo scambio di informazioni tra i due emisferi, favorisce anche la riduzione delle emozioni negative legate a un trauma. Quando si subisce un trauma i ricordi a esso legati non vengono completamente elaborati e quelli più dolorosi possono riemergere nella memoria tramite flashback intrusivi, incubi notturni e ansia. La tecnica EMDR serve a ridurre il sovraccarico emotivo e consente di gestire i ricordi e i comportamenti che ne derivano. Libera, insomma, le informazioni immagazzinate e rimaste in superficie all'interno delle reti neurali e le incanala verso una corretta elaborazione. L'Organizzazione Mondiale della Sanità, nel 2013, ha riconosciuto l'efficacia del trattamento. Stefania mi spiegò che «le tecniche di risonanza magnetica hanno evidenziato come nel trauma psichico i ricordi vengono ingabbiati a livello frontale mentre quelli "digeriti" stanno in zona occipitale». I suoi pazienti, dopo qualche seduta, ammettevano: «Ciò che mi spaventava non mi dà più fastidio, lo vedo ancora ma è come se lo vedessi da più lontano».

Le casistiche affrontate erano delle più varie. Una donna le confidò che il clima di paura e tristezza che si respirava ovunque l'aveva come imprigionata, «e quando queste sensazioni sono collettive si amplificano a dismisura». Molti affermavano perentori di non volerci più pensare, «ma bastava un dialogo con qualcuno, un'associazione secondaria, un dettaglio, per riportarle alla realtà dei giorni nefasti». C'era chi non voleva più uscire di casa, sentendosi protetto solo tra le mura domestiche, «ed è una fobia devastante». Una costante era il panico scatenato dai media, in particolare dalla televisione. Stefania consigliava di non guardare, soprattutto, la conferenza delle 18 della Protezione civile con i dati aggiornati di infetti, defunti, ospedalizzati e ricoverati in terapia intensiva: era quella che scatenava gli incubi peggiori.

Proponeva anche ricette per stare meglio. «Cercate di darvi un ritmo strutturato della giornata, abbiate un ruolo attivo, siate padroni del vostro tempo, scegliete di dialogare solo con persone con cui avete relazioni positive.»

Domandava: «Cos'è che vi fa stare bene?». Una signora rispose: «Il karaoke». «E allora canti!» Altri sfogavano il disagio su carta, tenendo un diario, ed era una terapia. Papa Francesco era rassicurante e l'invito era di ascoltare i suoi discorsi dalla finestra di San Pietro: «I nembresi, o almeno parte di essi, hanno una fede profonda, non ho mai sentito nessuno prendersela con il cielo, che anzi era motivo di conforto». Le madri erano spesso evocate come punto di riferimento, «al contrario dei mariti, più spauriti e terrorizzati, dunque di nessun sollievo». Alcune coppie in crisi avevano rivisto la decisione di separarsi, riconsiderato priorità accantonate e deciso di dirigersi di nuovo l'uno verso l'altra: il confinamento aveva favorito una nuova intimità. All'opposto, coppie apparentemente felici nella coabitazione forzata ventiquattr'ore al giorno avevano scoperto di detestarsi e si erano sfaldate. Almeno dall'osservatorio degli psicologi, nessuno era affetto dalla sindrome del sopravvissuto, il senso di colpa per avercela fatta, ma alcuni desideravano morire per raggiungere nell'aldilà il congiunto mancato. I genitori di figli piccoli, tre-quattro anni, denunciavano gesti di autolesionismo come lo strapparsi i capelli. Era la disperazione per l'invasività del virus, che stava dappertutto, sull'asfalto, sulle scarpe, sui mobili: la sua invisibilità era un moltiplicatore di angoscia.

Stefania Bonomi mi costrinse a riflettere di nuovo sul rapporto tra la pandemia e la guerra, che per lei aveva delle evidenti similitudini. Rimasi fermo nella mia opinione che il paragone era improponibile nel "durante". Pensai a mia madre. Era bastato blindarla in casa per metterla al riparo da qualunque pericolo. In guerra nessun luogo è sicuro. Un miliziano può entrare dalla porta e farti fuori. A noi era stato chiesto di stare sdraiati sul divano e aspettare che passasse la nottata, fra tutti gli agi e i privilegi di una società opulenta, soprattutto se paragonata con il resto del mondo. Avevamo il riscaldamento, la luce, il gas, il wi-fi per essere interconnessi. Nelle guerre contemporanee, ormai guerre contro i civili più che fra eserciti, tutto questo non è dato. Milioni di persone sono costrette ad andare profughe altrove ed è il migliore dei casi, riguarda coloro che sono riusciti a salvarsi. È una sottile forma di compiacimento il convincerci che anche noi abbiamo attraversato un conflitto, come accadde ai nostri antenati, un'epopea da raccontare ai nipoti. Certo la racconteremo, spero salvando le differenze.

Era tuttavia il "dopo" che poteva avvalorare il paragone. Il clima depresso in una terra desolata, la tristezza imperante, i danni per la psiche sconvolta dall'uragano di lutti. Chiesi lumi a due amici, il professor Ilvo Diamanti e il mago dei sondaggi Nando Pagnoncelli, mio compagno di scuola, i migliori auscultatori degli umori profondi dell'opinione pubblica. Organizzammo un incontro a tre su Skype per confrontarci. Domandai loro quali sarebbero state le parole cruciali del "dopo". Diamanti: «Famiglia e arte di arrangiarsi, quella che all'estero chiamano problem solving, con la differenza che, nel nostro caso, non prevede la soluzione delle difficoltà ma l'adattamento». Pagnoncelli: «Concordia, coesione sociale, rassicurazione. Avremo bisogno di essere rassicurati soprattutto quando, dopo l'emergenza sanitaria, verremo investiti dall'emergenza economica». Entrambi: «Futuro. Finalmente usciremo dal presentismo permanente perché avremo consapevolezza che tutto non si risolverà in quattro e quattr'otto ma ci vorranno tempi lunghi».

Misurai i loro pareri sul metro di Nembro: coincidevano. A Nembro si fiutava il "dopo" e ci si attrezzava ad accoglierlo a braccia aperte.

Il più irrequieto e voglioso di anticipare un surrogato di normalità era, e non poteva essere altrimenti, don Matteo Cella. Per forza, doveva tenere a bada i suoi ragazzi scalpitanti e frustrati da un confinamento prolungato di volta in volta dal governo. Si intravedeva la fine ed ecco un nuovo decreto che lo estendeva, per uno stato di necessità comprensibile per la ragione ma non per gli esuberanti ormoni degli adolescenti.

Fortuna volle che bussasse alla porta dell'oratorio Marco Rossi, il titolare di un pollaio molto speciale, aperto poco prima della pandemia in località Bastia, sulla strada che sale verso la frazione di montagna di

Lonno. Marco Rossi, un ex ristoratore che aveva deciso di cambiare vita, aveva chiamato la sua azienda Le Selvagge, in omaggio alle 2500 galline libere di scorrazzare ascoltando musica classica in uno spazio enorme, ben superiore ai sei metri quadrati a testa che fanno scattare la qualifica di "biologiche" per le uova che producono. Non potendo fare business in un periodo così infelice, decise di regalarle a chi ne aveva bisogno. E quale occasione migliore della Pasqua imminente per un dono ai nembresi? Ne portò dunque seicento a don Matteo, da cuocere, benedire, confezionare e distribuire. Il sacerdote chiamò a raccolta i suoi ragazzi, che in tal modo ebbero il pretesto per circolare senza impedimenti e compiere l'opera meritoria, sicuramente apprezzata. La generosità di Rossi non si limitò all'oratorio, ma contemplò anche doni alla casa di riposo e all'ospedale degli Alpini, costruito in dieci giorni, a ritmi cinesi, alla Fiera di Bergamo, con l'aiuto degli ultrà dell'Atalanta e la collaborazione di Emergency.

Le uova benedette erano l'antipasto di quanto don Matteo Cella voleva servire alla comunità in occasione della Pasqua. Trasformò infatti con i suoi ragazzi la chiesa di San Martino in un teatro di posa per la messa solenne da trasmettere in diretta su YouTube, con la sorpresa finale di un augurio musicale di un trio d'eccellenza: Gianluigi Trovesi al sassofono, Gianni Bergamelli al pianoforte e Stefano Montanari al violino. Tre maestri, due di Nembro, li abbiamo già incontrati, e il terzo originario di Ravenna ma nembrese d'adozione per aver sposato Stefania, la figlia di Trovesi. Sull'altare, e con regolare mascherina, eseguirono la *Messa degli angeli*, poi Bach, *What a Wonderful World* di Weiss,

Moon River di Mancini e l'*Hallelujah* di Leonard Cohen dedicato a Sandrino Barcella.

Dopo le sirene delle ambulanze, dopo le campane a morto, la musica era un simbolo di rinascita e il sindaco Claudio Cancelli rilanciò. Chiese al Trio un *Concerto per Nembro* da registrare al Modernissimo e mandare in onda su Bergamo TV il 25 aprile. Al posto degli spettatori, sulle poltrone, 185 gerbere, quante erano le vittime a quella data.

Il paese si stava svegliando dal letargo obbligato, la Pasqua di resurrezione non era solo una metafora, perché coincise con i primi segni di un rinnovato fermento. Nembro era come un corpo che si stava stiracchiando prima di alzarsi dal letto per riprovare l'emozione di camminare, raggiungere l'uscio, aprire la porta, annusare una primavera ormai matura e generosa di sole. La gente curava orti e giardini e osava avventurarsi per le vie del borgo, cambiando marciapiede alla vista di qualcuno senza mascherina. Godeva dello spettacolo delle magnolie, degli alberi da frutto in fiore, del tepore che scaldava il corpo e l'anima. La natura sembrava assecondare la vita che riprendeva a fluire, non più costretta fra le mura domestiche. C'era una lenta ma progressiva occupazione degli spazi pubblici. E ci si chiedeva dove fosse andato a nascondersi il maledetto virus che comunque persisteva, in ritirata ma non sconfitto. I più impauriti temevano la beffa della caduta proprio in vista del traguardo. Non per questo deflettevano dal proposito di lasciarsi alle spalle, se non le precauzioni, quel surplus di prudenza che cominciava a suonare stonato. Era una rieducazione alla socialità, accompagnata dalla gioia di incontrare persone diventate troppo a lungo volti sullo schermo di una videochiamata.

La pandemia, nella fase più acuta, era durata l'eternità di una quarantina di giorni, in cui il tasso di mortalità aveva fatto registrare un più 861 per cento rispetto al consueto. Le indagini sierologiche a tappeto avrebbero più tardi accertato che il 71 per cento degli abitanti aveva contratto il coronavirus, tanto da illudere che Nembro avesse raggiunto la quota dell'immunità di gregge e fosse diventata, suo malgrado, il luogo più sicuro, al riparo da successive ondate. E tuttavia la deduzione logica derivata dalle conoscenze scientifiche del momento si scontrava con la diffidenza a riprendere nella sua pienezza la vita "di prima". Ammesso che fosse mai possibile la vita di prima dopo un evento che aveva mutato, forse irreversibilmente, il rapporto con se stessi, con gli altri, con il paese. Si continuava sopravvidendosi.

A maggio riuscii finalmente a tornare a Nembro. Il viaggio in treno fu una lunga immersione nei ricordi di me bambino, dei luoghi familiari, delle facce mai cadute nell'oblio. Come se irrazionalmente temessi di trovare un cambiamento troppo profondo da accettare e mi volessi riscaldare al tepore del passato. Alla stazione di Milano c'era uno schieramento di soldati, carabinieri e poliziotti che controllavano i salvacondotti di chi prendeva il convoglio per Bergamo. Chi mai voleva andare nell'epicentro del ciclone? Presi poi il tram per Nembro, i passeggeri erano quasi tutti extracomunitari che parlavano un dialetto perfetto, come nemmeno i bergamaschi da generazioni. Sceso alla fermata Camozzi, alzai gli occhi verso il santuario dello Zuccarello che domina dall'alto la vallata del Serio. Per una impercettibile frazione di secondo avevo temuto che non ci fosse più, che stupidaggine! No, non era stata una guerra, non c'era nulla di fisico da ricostruire, il paese era uguale a come l'avevo lasciato il Natale precedente. Non c'erano i brandelli di case, i segni delle pallottole sui muri delle abitazioni, le macerie. Da ricostruire c'era l'anima.

Suonai il campanello e mamma José aprì. Era stata in isolamento per tre mesi esatti, novanta giorni. Era malferma sulle gambe, camminava a fatica. Le dissi: «Non avviciniamoci, non baciamoci». Ma subito infrangemmo il proposito. Non si era infettata, stava pagando gli effetti collaterali della cattività forzata. Scrutai a lungo il suo viso invecchiato di colpo, lei che aveva sempre avuto la pelle di una ragazzina. La obbligai a vestirsi per uscire, riprendere l'abitudine di passeggiare. Si aggrappò al mio braccio e con molta fatica raggiungemmo un bar poco distante. A un tavolino all'aperto prendemmo un cappuccino che aveva il gusto di un antico sapore. Al ritorno si accasciò sulla poltrona, stremata. Non aveva alcuna voglia di parlare di ciò che era stato: «L'importante è che ora sei qui». Vennero Carlo, Lina, Flavio e Carla per un pranzo familiare che doveva segnare un punto: "Dove eravamo rimasti?". Nessuno dei parenti stretti era mancato. Li guardai come i profughi di un naufragio.

Volevo incontrare Daniele. Marina dettò le regole: in giardino, con la mascherina, a distanza. Sul tavolino c'era l'immancabile bottiglia di vino, che fu prosciugata in un istante. Daniele aveva già ripreso il gusto di fare battute: «Da quanti anni ci conosciamo io e te, Gigi? Cinquantadue, mi pare. E andiamo avanti, cercando di invecchiare bene». A un certo punto si alzò e si mise a fare di corsa la scala che scende al giardino.

Si risedette ansimante: «Vedi, dopo tre volte non ce la faccio più, prima ne facevo anche cinquanta». La sua era la denuncia di una menomazione, per me quelle tre rampe erano un miracolo e piano piano sarebbe arrivato a cinquanta, quando i suoi polmoni avessero smaltito le conseguenze della malattia.

Andai in piazza della Libertà. Il paese era sempre uguale, era il panorama umano a essere mutato nel profondo. Da qualunque lato mi voltassi era incombente la sensazione dell'assenza. Entrai nel municipio, raggiunsi l'anagrafe per capire cosa c'era dove c'era Cristina Marcassoli, cosa fosse rimasto di lei. C'era Laura Ravasio alla sua scrivania, assoldata come volontaria nelle ore più buie e rimasta a sostituirla. «Uso tutte le sue cose» mi notificò, come se il particolare potesse perpetuare la presenza di Cristina nel luogo in cui aveva speso un'intera esistenza. C'erano ancora i suoi occhiali abbandonati accanto al computer, le fotografie nei cassetti, gli anturium e le orchidee amorosamente innaffiati.

I colleghi facevano a gara nel rievocare gli ultimi istanti passati in ufficio. Roberta, la responsabile, lodava la sua infallibilità nel risalire alla genealogia di ogni abitante. Barbara non si poteva dimenticare lo strazio dopo il lutto, quando bisognava inserire a getto continuo i certificati di decesso nel sistema con le lacrime che bagnavano la tastiera.

Uscii e mi incamminai verso la biblioteca. Era la seconda tappa del mio pellegrinaggio, volevo visitare i conoscenti morti nei loro luoghi abituali e non al camposanto, come fosse un tentativo inconscio di riportarli in vita, perché quei luoghi parlavano di loro più di una fredda lapide. Loretta Bonfanti, la direttrice della biblioteca, tenne a mostrarmi la sala dei libri in quarantena, i volumi restituiti dai lettori e che non potevano passare di mano prima di dieci giorni, casomai il Covid-19 si fosse depositato tra le pagine. Era il segno di un'attività che non si era fermata, perché gli utenti potessero trovare conforto nella letteratura. Tullio Carrara avrebbe voluto così e Tullio non era semplicemente il suo predecessore. Loretta lo definì "maestro": «Me ne sarei tornata nella mia Valle Imagna dopo un periodo di tirocinio nel 1989 se non lo avessi incontrato, se non fosse esploso un amore professionale a prima vista. Tullio era un visionario pervaso da una grande umiltà, da una rara attenzione verso ogni singola persona». Mi illustrò le idee che aveva per il futuro, per innovare l'offerta culturale pur nel segno della tradizione. Ciò che Tullio aveva seminato continuava a germogliare.

Al cine-teatro Modernissimo, Antonio Noris, il presidente della cooperativa Gherim che lo gestisce, ancora si chiedeva «come sostituire l'insostituibile Sandrino Barcella». Accese le luci della sala e mi guidò nella galleria, allargò sconsolato le braccia, si grattò la testa e sbottò: «Dimmi tu come facciamo a raccapezzarci in questo groviglio di tecnologia che solo lui sapeva usare, diavolo d'un uomo. Ci vorranno mesi per venirne a capo. Abbiamo scoperto macchinari per le luci e i suoni che deve aver comprato da solo e pagato di tasca sua perché noi non glieli abbiamo mai forniti». E nell'amorevole rimprovero c'era il tentativo di imitazione di quanto il Sandrino era stato in vita: un burbero di cuore.

Passai davanti alle strisce pedonali dove Marino Novelli faceva attraversare i bambini. Mi avvicinò uno sconosciuto: «Se cerca il Marino non c'è più, è morto. Credo che un suo nipote adesso si sia offerto volontario per sostituirlo». Ringraziai per la notizia e quello mi propose: «Gli diciamo un requiem?». Non mi sottrassi.

Risalii la strada per raggiungere l'enoteca di Giorgio dove avevo appuntamento con Fabrizio, il figlio di Francesco Giovanelli, il vigile urbano. Fabrizio ebbe la rivelazione che il padre, alcuni giorni prima di andarsene, era stato all'enoteca per acquistare una bottiglia di vino. Scosse il capo: «Ma sei sicuro, Giorgio? Mio padre?». «Sì, tuo padre.» «Gli avevo detto di non uscire! Be', almeno se l'è bevuta fino in fondo.»

Sulla facciata del ricovero stava disteso uno striscione enorme con la scritta "Nel vostro piccolo state facendo qualcosa di grande", riferita agli operatori. Trovai nel giardino il nuovo presidente, Valerio Poloni, marito di Tiziana Carrara, una compagna di classe delle elementari, nominato in fretta e furia al posto del Bepi Pezzotta. Era oppresso, oltre al resto, da un rebus finanziario piuttosto complicato: «La ristrutturazione della residenza sanitaria-assistenziale è costata cinque milioni, tre e mezzo dei quali coperti da un mutuo. Abbiamo ora trenta posti vuoti per i decessi e una perdita secca di cinquantamila euro al mese. Credimi, Gigi, non so proprio dove sbattere la testa, conto sulla solidarietà dei compaesani». Desiderio esaudito, se pochi mesi più tardi i buchi di bilancio sarebbero stati coperti dalle donazioni volontarie.

Cercai il negozio di abbigliamento Attimo per incontrare Laura Lazzaroni. Mi venne incontro e mi abbracciò come per sottolineare che le nostre incomprensioni erano ormai acqua passata. Aveva riaperto l'esercizio che era stato "chiuso per lutto" e nel nome del padre Ilario seguitava a far arrivare da Milano i capi femminili alla moda. I clienti ancora scarseggiavano, ma i pochi che c'erano erano un'iniezione di fiducia. Mi indicò un punto vago della stanza: «Vedi, talvolta mi capita di voltarmi di scatto e di vederlo proprio lì. Ilario non era solo il mio papà, era anche il mio migliore amico. Avevamo un rapporto speciale, ci capivamo con uno sguardo. Mi ha insegnato la cordialità, la disponibilità, la precisione nei pagamenti, tutte doti necessarie nel commercio». Mi confidò che, come altri, aveva avuto bisogno di supporto psicologico e che quelle sedute le avevano fatto bene, non erano state risolutive ma l'avevano aiutata. Chiamò Delia Morotti, l'amica con cui aveva condiviso i momenti terribili del 23 febbraio all'ospedale di Alzano, perché ci raggiungesse. Riepilogarono con dovizia di particolari il giorno che avrebbe segnato, e per sempre, la loro esistenza. Delia, con una dolcezza toccante, mi chiese: «Ma tu te lo ricordi vero l'Angelì, mio padre? Ti ricordi della sua giovialità?». «Certo, Delia.» Poi ripassò le immagini degli ultimi momenti con lui come in un film. Notai che le tremavano le mani, la voce si incrinava di tanto in tanto e subito si riprendeva: voleva essere estremamente esatta. Continuavano a rimbombarle nella testa le ultime parole di sua madre Giuseppa Nembrini, detta Rina, prima di salire sull'ambulanza per un viaggio senza ritorno: «Mi avevi promesso che non mi avresti più portata in ospedale». Concluse rassegnata: «Aveva ragione, non avrei mai dovuto farlo».

All'oratorio il vulcanico don Matteo era già proiettato nell'organizzazione delle attività estive. Si sforzava di vedere la luce in fondo al tunnel, una palingenesi. Ammise che gli mancava Ivana Valoti, l'ostetrica, «la sua rumorosa presenza per la strada, la sua esuberanza, i suoi martedì all'oratorio come barista volontaria». Gli chiesi se fosse "insostituibile" come il Sandrino Barcella secondo il suo presidente Antonio Noris. Quasi si inalberò: «Non mi piace il termine insostituibile. Ci sarà un'altra Ivana. Ci saranno altri cinque Sandrino Barcella. Le telecamere che aveva appena comprato le stanno usando i miei ragazzi che si sono improvvisati videomaker, con tanta voglia di imparare. Piccoli Sandrini crescono. Sento nascere una nuova rete di relazioni, rapporti che si ricuciono, in una comunità che può usare questa tragedia per rafforzarsi. Capisco la stanchezza. Ripartiamo appesantiti, ma ripartiamo alla ricerca di una normalità, seppur diversa». E con la benedizione di papa Francesco che gli aveva telefonato, come è usanza di questo pontefice, dopo che gli avevano segnalato la sua dedizione indefessa a favore delle nuove generazioni. Il successore di Pietro gli aveva dato un consiglio, forse per incoraggiarlo a tenere duro e per evitargli il cruccio di credere di non essere stato all'altezza dell'impresa titanica di gestire i giovani di Nembro nella fase più difficile dal dopoguerra: «Don Matteo, ognuno deve fare quello che può». Non potevo non stimolare l'uomo di fede a una riflessione su una domanda che i nembresi si facevano, che arrivava a fior di labbra e per pudore non veniva pronunciata: dov'era Dio quando gli innocenti morivano a mucchi? Non lo trovai impreparato: «È successo qualcosa di innaturale che ha mutato il corso delle cose, genitori sepolti con i figli, persone colpite per essersi prese cura dei loro cari. Ma il nostro è il Dio della croce da ricercare in tutti coloro che non hanno permesso ci si sentisse soli».

Claudio Cancelli, il rappresentante delle istituzioni che aveva tenuto la barra dritta e aveva evitato le polemiche, ora che la tensione si allentava, senza alzare i toni ma con la forza della serietà dell'analisi, si lanciò con pacatezza e misura in una riflessione su cosa non aveva funzionato: «È mancata la capacità di prendersi responsabilità politiche. E questo succede quando, come è purtroppo costume da noi, si collocano in ruoli decisivi uomini fedeli a chi comanda invece di uomini capaci. Il difetto di coraggio ha rallentato il processo decisionale. È chiaro che se ci fosse stata rapidità avremmo rallentato il contagio». Si riferiva ovviamente alla mancata zona rossa. «Il primo provvedimento a Codogno fu sostanzialmente scritto di concerto tra il ministero della Salute e la Regione Lombardia. Mi sarei aspettato altrettanto per la Valle Seriana. Ma era già cominciato il conflitto tra le due istituzioni. Fossero stati della stessa "parrocchia politica" si sarebbero seduti a un tavolo e avrebbero concordato una linea. La "parrocchia" avrebbe dovuto essere l'Italia.»

Era andata così, voltarsi indietro serviva ai magistrati per individuare eventuali responsabilità, ai politici per non ripetere gli errori. Gli amministratori come Cancelli dovevano invece cercare di dare alle loro comunità il senso di un futuro che contemplasse la memoria del passato per trasformarla, nei limiti del possibile, in energia per andare avanti. Anzitutto bisognava procedere con un rito che compensasse le tante sepolture mancate. Senza una congrua cerimonia di addio non si sarebbe mai chiuso il cerchio tra sommersi e salvati.

I salvati non avrebbero potuto iniziare il cammino di elaborazione del lutto, all'inizio comunque straziante. Fin dalle origini della nostra cultura c'è un Priamo che chiede ad Achille il corpo di suo figlio Ettore per poterlo piangere.

Claudio Cancelli si risolse per una messa collettiva al campo sportivo dei Saletti, con mille persone presenti e distanziate e una campana che suonasse 188 rintocchi mentre venivano letti i nomi di chi non c'era più. Annunciò la volontà di creare, non distante dallo stesso campo sportivo, un bosco della memoria con cento cipressi e una superficie a specchio che riflettesse il cielo, ideata dall'architetto Fabrizio Bertocchi. Non una cappella, o un monumento, considerati troppo statici, ma uno spazio vivo come la vegetazione che cresce e dove poter meditare.

I bar avevano riaperto, per Gianni Bergamelli e Gianluigi Trovesi fu quello il segno della fine dell'emergenza. L'agenzia di viaggi aveva messo in vetrina i dépliant con il meglio dell'esotismo possibile, mari blu e spiagge incontaminate: c'era ancora un mondo oltre Nembro e si poteva riprendere a sognare di passare i confini.

Il bisesto 2020 aveva però ancora in serbo una prova da far superare ai nembresi, un colpo di coda, un sovraccarico di crudeltà tanto più difficile da sopportare perché inaspettato. Il 2 giugno, festa della Repubblica, si scatenarono gli elementi, una grandinata che sembrava una nevicata epocale fuori stagione. Le strade che dai pendii portano al corso principale scaricarono tonnellate di ghiaccio che si ammucchiò contro le pareti delle case. La ferramenta del compianto Beretì ne fu coperta fin quasi all'insegna. I volontari della pandemia si trasformarono in volontari del maltempo. Si armarono di picconi e pale, ci vollero le escavatrici. Si accesero i fari per completare l'opera di sgombero durante la notte. A lavoro finito, spuntò l'alba.

188 vite

Maurizio Lazzaroni (23 febbraio); Irma Pellicioli (24 febbraio); Franco Orlandi, Giuseppe Pezzotta (25 febbraio); Antonio Ardenghi, Luigi Fedoni (27 febbraio); Giovanni Sala (28 febbraio); Angelina Carobbio (29 febbraio); Mario Brignoli, Carlo Pezzotta (1° marzo); Giulio Bonomi, Cherubina Cortinovis, Federico Stancheris (2 marzo); Ilario Lazzaroni, Luigia Luzzana, Agnese Magoni, Lorenzo Moretti, Anna Salvi, Giovanna Signori (3 marzo); Domenico Ricca, Alessandro Rondi, Giuseppina Zanga (4 marzo); Alberta Biava, Vincenzo Bucci, Rosaria Cominelli, Massimo Cortinovis, Agnese Pulcini, Anna Vavassori (5 marzo); Gemma Cortinovis, Lidia Cumetti, Luigia Marchini, Hortensia Menendez Rodriguez, Lucia Nodari, Giuseppe Suardi, Luigi Valetti (6 marzo); Silvio Adobati, Fulvio Giovanelli, Mirella Lazzaroni, Maria Luisa Longhi, Angela Marchetti, Lucia Marchetti, Teresa Maria Pezzotta, Sergio Sala (7 marzo); Alessandro Barcella, Giuseppe Barcella, Pasquale Bergamelli, Angelina Capitanio, Attilio Cortinovis, Maria Cristina Marcassoli, Sergio Moretti, Eugenio Suardi, Valerio Suardi, Marco Tombini, Maria Versace (8 marzo); Marisa Barbagli, Elio Beretta, Angelo Bergamelli, Luigi Cortinovis, Vittorina Cortinovis, Stefano Longhi, Renato Nembrini, Aldo Pezzotta, Anna Schena (9 marzo); Aldo Bergamelli, Edgardo Bergamelli, Giacomo Camozzi, Tarcisia Marcarini, Pietro Moretti, Giovanni Morotti, Giacoma Paganessi, Mario Perico, Giulio Persico, Pietro Pezzotta (10 marzo); Achille Belotti, Giacomo Boffelli, Claudio Cumetti, Giovanni Ferassini, Pietro Vassalli, Ornella Zanga (11 marzo); Renata Carrara, Tullio Carrara, Ferdinando Ferri, Maria Gherardi, Anna Luzzana, Daniela Moioli, Luigi Noris, Giuseppe Pellicioli, Giuseppe Pezzotta, Giuseppe Pezzotta, Pierluigi Piccinini, Maria Salvetti (12 marzo); Lorenzo Bergamelli, Graziano Carrara, Luigina Carrara, Giovanni Cassis, Francesco Giovanelli, Angelo Moretti, Gabriella Persico, Anna Maria Rondi, Giuseppa Salvetti, Abramo Stancheris (13 marzo); Enzo Bonazzi, Giuseppe Caprini, Lodovico Carrara, Marino Novelli, Giulio Pulcini, Francesco Signori, Alfredo Suardi (14 marzo); Giuseppe Barcella, Gianmario Cortinovis, Giovanna Rondi, Luigi Signori, Ivana Valoti (15 marzo); Pierina Beretta, Anna Berlendis, Benito Birolini, Cristina Cortinovis, Dolores Ferrari, Albino Masseroli, Giuseppa Nembrini, Ermanno Noris, Gian Battista Previtali, Patrizio Visentin (16 marzo); Bruno Bonaiti, Angela Ferraris, Armando Maculan, Mario Minuscoli, Andrea Moretti, Mario Valoti, Pietro Zanchi (17 marzo); Virgilio Carrara, Luigi Faccini (18 marzo); Samuele Acerbis, Alessandro Barcella, Adriana Bonini, Giovanni Gandossi (19 marzo); Giuseppe Barcella, Lorenzo Crippa, Lucia Moioli (20 marzo); Pier Luigi Pagani, Ettore Persico, Valentina Rondi, Giuseppe Volpi (21 marzo); Lucia Belotti,

Nella Buran, Virginia Di Costanzo, Ilario Faccini, Maria Ghilardi, Bruna Pellicioli (22 marzo); Italo Filisetti, Bernardo Pulcini, Silvano Rota (23 marzo); Maria Bonzi, Giuseppe Manenti, Giuditta Marcassoli, Mario Pellicioli, Camilla Rizzi (24 marzo); Enrico Barcella, Maurina Cavagnis, Antonio Consalvo, Alfredo Criserà, Lucia Signori (25 marzo); Anna Bergamelli, Teresa Ravasio, Natalina Tami (26 marzo); Emilio Baleri, Maria Magri, Abderrahim Rafiq (28 marzo); Pierina Gritti, Mario Tagliaferri (29 marzo); Angelo Gelpi, Antonietta Moretti (30 marzo); Marino Signori (1° aprile); Luigi Gandossi, Maria Parmigiani (2 aprile); Santina Ripamonti (5 aprile); Valter Zintilini (6 aprile); Rosalia Algeri, Mario Gandossi (7 aprile); Maria Cortinovis (9 aprile); Maria Rosa Armandi, Rosa Poloni (11 aprile); Luigia Pulcini (12 aprile); Vittorina Bertocchi (15 aprile); Aristide Pacchiana (16 aprile); Ferdinando Adobati, Enrico Tiraboschi (18 aprile); Maria Madaschi (30 aprile).

Ringraziamenti

I miei compaesani di Nembro sono stati, tutti, generosi nel raccontarmi la loro esperienza nella terribile prima ondata della pandemia. Anche quando rievocare era doloroso. Soprattutto per chi aveva perso persone care. Li trovate citati nel volume. Li voglio ringraziare non solo per l'aiuto che mi hanno dato, ma anche per la dignità con cui hanno affrontato l'inimmaginabile.

Un grazie ai colleghi dell'"Espresso" che hanno assecondato il mio desiderio di portare il caso Nembro all'attenzione nazionale: Marco Damilano, Alessandro Gilioli, Lirio Abbate, Leopoldo Fabiani, Beatrice Dondi, Sabina Minardi.

Questo libro non sarebbe stato scritto senza la spinta dello staff della Mondadori che, proprio in un mio articolo per "l'Espresso", ha scorto in nuce le potenzialità di un racconto più ampio, nell'idea che il dramma di Nembro potesse essere paradigmatico di un flagello che ha interessato il mondo intero. Grazie dunque, in rigoroso ordine alfabetico, a Giordano Aterini, Beppe Cottafavi, Giovanni Francesio e Laura Gagliardi.

Indice

9 Quel 23 febbraio
27 Prima del 23 febbraio
43 Dopo il 23 febbraio
60 Marzo è il più crudele dei mesi
172 Dopo, niente è più lo stesso (o no?)

191 *188 vite*

195 *Ringraziamenti*

FSC
www.fsc.org
MISTO
Carta da fonti gestite
in maniera responsabile
FSC® C115118

Mondadori Libri S.p.A.

Questo volume è stato stampato
presso ELCOGRAF S.p.A.
Stabilimento - Cles (TN)

Stampato in Italia - Printed in Italy